Bilder aus Ungarn

Die Deutsche Bibliothek – CIP-Einheitsaufnahme

Bilder aus Ungarn
Max Galli, Matthias Rüb.
Hannover: KaJo-Verlag, 1992
ISBN 3-925544-10-0
NE: Galli, Max; Rüb, Matthias

Gestaltung und Layout: Karl Johaentges, Hannover
Max Galli und Matthias Rüb
Karte: Liselotte Lüddecke, Hannover
Handschrift: Ann Meineke, Hannover
Korrekturen: Uli Zimmermann, Frankfurt
Satz: Lichtsatz Wallier, Hannover
Reproduktionen:
Scantrend, Brümmer & Partner, Frankfurt
Fröhlich Repro, Hannover
Druck: SCAK-Druck, Hannover
Gedruckt auf: Heidelberger Speedmaster 102 VP
Papier: ProfiStar matt 170 g, igepa, Hannover
Buchbinderei: Leipziger Großbuchbinderei, Leipzig

Titelfotos: Bauer aus Bérhida
Kettenbrücke und Parlament
Pferdeherde in der Puszta
Budapester Kaffeehaus

Foto Rückseite: Paprikazöpfe

Printed in Germany
ISBN 3-925544-10-0
1. Auflage 1992

KaJo-Verlag, Hannover
Sortimentsauslieferung:
Deutschland: ILH-GeoCenter Stuttgart
Schweiz: Buch 2000 c/o AVA, CH-8910 Affolten
Österreich: Robo-Verlag, A-1060 Wien

Vielen Dank

Bedanken möchten wir uns bei all jenen, die zum guten Gelingen dieses Bildbandes beigetragen haben: Zunächst bei Jackie Blackwood, Karl Johaentges, Karl-Heinz Raach und Monika Schlitzer für die Hilfe und Kritik bei der Bildauswahl.
Dr. István Meggyes vom Ungarischen Fremdenverkehrsamt in Frankfurt sei für die Unterstützung der Fotoreisen gedankt. Ein besonderer Dank geht auch an Maria Farkas, die mit ihrem organisatorischen Talent und vielen Informationen in Budapest sehr geholfen hat.
Dank auch an Gerhard Hiesel, der bei einer Reise durch Ungarn ein wichtiger Begleiter war.
Dank geht ferner an all jene, die bei den zahlreichen Fotoreisen durch Ungarn tatkräftig geholfen haben:
Kovacs Gyulané, Budapest
Gisela Kovács, Budapest
Eva Molnár, Budapest
László Szesztay, Herend
György Loska, Eger
Sándoe Vadasz, Hartobágy
Fabry Lajosné, Budapest
Zoltán Miczi, Budapest
István Lörint, Balatonszentgyörgy
Josef (Köhler), Dedestapolcsany
Nikefor Petrasevics, Bibliothek in Eger
Ferenc Tóth
János Mente, Bérhida
Josef Schlitzer, Kisbudmer
Der Fotograf dankt herzlich dem Verleger und Fotografen Karl Johaentges, der dieses Projekt ermöglicht hat. Besonderer Dank geht an Annemarie Galli, die die fotografische Arbeit an diesem Buch immer wieder besonders unterstützt hat.
Für Hinweise und Gespräche dankt der Autor Tamas Miklos, István und Janos Papp Lukacs, Kinga und Peter Zay und natürlich Marie Kopcsik.
Nicht zuletzt geht unser Dank an alle, die bei der Produktion mitgewirkt haben.

Max Galli · Matthias Rüb

Max Galli Matthias Rüb

Bilder aus Ungarn

Vorwort

Zuerst ging alles rasend schnell, doch seither zum Verzweifeln langsam. Mitte Juni 1989 wurden Imre Nagy, Ungarns Ministerpräsident während der niedergeschlagenen Revolution von 1956, und seine Mitstreiter auf der berüchtigten Parzelle 301 feierlich umgebettet. In diesem hintersten Winkel des Budapester Gemeindefriedhofes waren sie nach ihrer Hinrichtung im Jahre 1958 verscharrt worden – mit dem Gesicht nach unten.

Staunend schaute die Welt seinerzeit auf diesen unerhörten Vorgang: die höchsten Vertreter jener Partei, in deren Namen Imre Nagy 30 Jahre lang als Volksverräter und Konterrevolutionär diffamiert worden war, ehrten ihn nun als Märtyrer. Aber in den folgenden Monaten sollte es noch viel unglaublicher kommen. Ungarn öffnete seine Grenzen zu Österreich, Tausende flohen über diesen Umweg aus der DDR in die Bundesrepublik. Dann fiel die Mauer, und bis zum Jahresende zerbrachen die Regimes in der DDR, der Tschechoslowakei, in Bulgarien und schließlich Rumänien.

Aber der Fluß der Geschichte, für entscheidende Augenblicke beispiellos beschleunigt, wälzte sich alsbald wieder so träge wie ehedem der Zukunft entgegen, und auf den kurzen Rausch folgte die anhaltende Verkaterung. Doch trotz steigender Arbeitslosigkeit, stockender Privatisierung und zunehmender Verarmung breiter Bevölkerungsschichten ist Ungarn noch immer eine Insel relativer Stabilität: Nachbarländer zerfallen derweil, versinken im Krieg oder werden von der alten Nomenklatura kontrolliert. Wer heute nach Ungarn kommt, sieht ein Land im Umbruch, ein Land voller Widersprüche. Erfolgreiche Jungunternehmer fahren in dicken Limousinen durch die Straßen Budapests; dort treffen sie auf ungezählte Arme und Alte mit signal-orangen Westen über den zerschlissenen Kleidern, die ihre spärliche Rente mit Straßenkehren aufbessern. Mag Ungarn im Vergleich zum Westen Europas auch ein rückständiges Land sein, im Verhältnis zu den Nachbarn im Osten ist es weit fortgeschritten.

Es ist gerade dieses Doppelgesicht Ungarns, das ständige Beobachter wie sporadische Besucher gleichermaßen beeindruckt. Die Bilder und Texte dieses Buches wollen beides zeigen: das Ursprüngliche und das Veränderte, die Tradition und die Moderne, die Geschichte und die Gegenwart. Vieles, was in den Ländern Westeuropas längst verschwunden ist, trifft man in Ungarn noch an – vom Pferdefuhrwerk inmitten des Autoverkehrs bis hin zu den Schachspielern in den Budapester Thermalbädern.

In drei Abschnitten taucht der Autor mit Ihnen tief in die Geschichte eines kleinen Volkes, einer großen Stadt und eines kleinen Landes. Der Fotograf führt Sie durch die Hauptstadt und durch die weiten Ebenen und Hügellandschaften Ungarns. Er lockt Sie auch in das alltägliche Leben der Magyaren, in Wohnstuben, auf Hinterhöfe oder in die Taverne eines Zwanzig-Seelen-Dorfes.

Wie es um Ungarn heute steht, vermag kaum jemand mit Bestimmtheit zu sagen. Manche Beobachter befürchten, das Land könnte wegen der anhaltenden wirtschaftlichen Probleme bald von sozialen Konflikten erschüttert werden, andere prophezeien schon für 1993 einen leichten Aufschwung. Wie immer es kommen mag, die Touristen werden auch in Zukunft zu Millionen nach Ungarn strömen und meist zufrieden und mit guten Eindrücken wieder nach Hause fahren. Denn die Schönheiten des Landes – seien es Plattensee, Puszta oder Budapest – werden von den Zeitläufen nur wenig berührt.

Nähme man außerdem die Statistik, die ein findiger Mathematiker nach den Olympischen Spielen in Barcelona erstellte, als Meßlatte für die Leistungsfähigkeit eines Landes, so sähe Ungarn einer goldenen Zukunft entgegen. Setzt man nämlich die gewonnenen Medaillen ins Verhältnis zur Einwohnerzahl eines Landes, steht Ungarn, weit vor Deutschland, den Vereinigten Staaten oder gar Japan, an zweiter Stelle – knapp überflügelt nur von Kuba, wo sportlicher Erfolg noch zum staatssozialistischen Programm gehört. Aber die Ungarn müssen ihre Zuversicht gar nicht durch solch skurrile Rechenkunststücke stärken. Denn es gibt über sie das gute alte Wort, niemand sonst auf der Welt verstehe es, als zweiter in eine Drehtür einzutreten und als erster auf der anderen Seite herauszukommen.

So ist vieles in Ungarn: logisch betrachtet ist es eigentlich nicht möglich, aber irgendwie geht es eben doch.

Max Galli · Karl Johaentges · Matthias Rüb

Hunnen, Habsburger, Helden: Geschichte

Die Ungarn kamen spät nach Europa und wollen gerade deshalb um so enger dazugehören. Bis in unsere Tage hat das Bewußtsein, als Nachzügler von der europäischen Familie gleichsam bloß adoptiert worden zu sein, des Verhältnis vieler Ungarn zum Westen bestimmt. Es ist ein zwiespältiges Verhältnis: Einerseits bestimmt von dem etwas gekränkten Stolz, für die mit hohem Blutzoll erkaufte Verteidigung des katholischen Christentums gegen die Einfälle der Tataren und Türken nie wirklich geschätzt, sondern eher benutzt worden zu sein; andererseits geprägt von dem unermüdlichen Bestreben, das jeweils historisch geforderte westliche Denken und Leben ganz anzunehmen und zu verteidigen – wenn es not tut auch alleine.

Daß sie Außenseiter sind, wird den Ungarn mit jedem Wort deutlich, das sie sprechen und das außer ihnen niemand verstehen oder auch nur enträtseln kann: keiner, der in einer slawischen oder romanischen oder germanischen, kurz einer indoeuropäischen Sprache zu Hause ist und bei einer verwandten Sprache zumindest erahnt, worum es geht. Die eigentümliche Sprache der Ungarn ist zugleich der wichtigste Hinweis auf ihre Herkunft.

Die Vorfahren der Ungarn siedelten im 6. bis 4. Jahrtausend vor Christus wahrscheinlich im nördlichen Ural am waldreichen Unterlauf des Ob, ehe sie ihre lange und immer wieder unterbrochene Wanderbewegung nach Südwesten begannen. Ende des neunten Jahrhunderts gelangten sie endlich über die Karpaten in das weite flache Donaubecken, das einstige Land der Hunnen, mit denen die Ungarn zwischen 500 und 700 nach Christus im Stammesverband der „Onoguren“ zusammenlebten.

„Onogur“ bezeichnet die mächtigen „zehn Pfeile“ (Stämme), die das damalige Bulgarische Reich bis zu Wolga und Don ausweiteten; von „Onogur“ auch leiten sich die Bezeichnungen für Ungarn in den mitteleuropäischen Sprachen ab (Hungarus, Hongrie, Hungary und so weiter). Die Selbstbenennung „Magyar“ geht indessen auf eine noch frühere Epoche zurück, als

die Altungarn von etwa 500 vor Christus bis 500 nach Christus in den Flußniederungen der Wolga und in der südrussischen Steppe lebten, dem heutigen Baschkirien. Der stärkste der sieben altungarischen Stämme hieß „Megyer“, was sich aus den finno-ugrischen Wörtern „reden“ und „Mann“ zusammensetzt und soviel bedeutet wie „die Redenden“ – im Gegensatz zu den unverständlichen, also gewissermaßen stummen Nachbarstämmen. Ganz ähnlich bezeichneten auch die Griechen fremde Völker als „barbaros“, das heißt Stammelnde und in unverständlicher Zunge Sprechende.

Die eigentliche Landnahme der aus dem Grenzbereich zwischen Europa und Asien kommenden magyarischen Reiternomaden begann im Herbst 895. Schätzungsweise eine halbe Million Landnehmer, darunter 20 000 Reiterkrieger, drangen in der Hauptsache im Jahre 896 über die Siebenbürger Karpaten und entlang der Donau zunächst in die große Tiefebene, das „Alföld“ zwischen Donau und Theiß ein. Das fruchtbare Weideland bot idealen Lebensraum für die bald in ganz Europa gefürchteten Ungarn, die nach zehn Jahren auch das nördliche Bergland sowie die Gebiete westlich der Donau gegen geringen Widerstand der rund 200 000 dort siedelnden Slawen erobert hatten. Fürst Arpád, Oberhaupt des Stammes der Megyer, konnte sich bald gegen andere Stammesfürsten durchsetzen und begründete die Erbdynastie der Arpaden, die bis 1301 dauern sollte. Und weil ein Mächtiger mächtige Vorfahren haben muß, machte die Geschichtslegende aus Arpád einen unmittelbaren Nachfahr des großen Hunnenkönigs Attila, dessen Volk nach seinem Tod im Jahre 453 das Donaubecken verlassen hatte und zurück in die südrussische Steppe gezogen war. Die Geschichtsforschung geht freilich davon aus, daß zwischen Hunnen und Ungarn kein Verwandtschaftsverhältnis besteht und betrachtet eher das Volk der Tschuwaschen, das heute an der Wolga und ihrem Nebenfluß Sura siedelt, als Nachkommen der Hunnen.

Ein halbes Jahrhundert lang zogen die in kleinen, ausgezeichnet koordinierten

Einheiten kämpfenden Reiterscharen der Ungarn brandschatzend durch Europa, kamen bis Bremen, Spanien oder Italien. Von ihren 43 in Chroniken bezeugten Raubzügen brachten sie reiche Beute heim. Erst 955 gelang es dem deutschen König Otto I., die Ungarn auf dem Lechfeld vor Augsburg entscheidend zu schlagen und Europa vor ihren Überfällen zu bewahren. Bis 970 versuchten die Reiterscharen ihr Glück noch einige Male mit Einfällen ins Byzantinische Reich, doch muß es im Innern wie von außen immer deutlicher geworden sein, daß man auf der Schwelle zu einer neuen Epoche stand.

Und in der Tat betrieb Großfürst Géza, ein Urenkel des „Reichsgründers" Arpád, zielstrebig die Anbindung des Landes an den Westen und damit die endgültige Seßhaftwerdung. Er schickte nach Missionaren in Quedlinburg aus, nahm deutsche Ritter in sein Gefolge auf und verheiratete schließlich seinen ältesten Sohn István (Stephan) mit Gisela von Bayern, der Schwester des späteren Kaisers Heinrich II. Dem Vorbild christlicher Feudalstaaten gemäß, baute er eine starke monarchische Zentralgewalt auf und beendete damit das Zeitalter der Stammesorganisation – nicht ohne dabei seine Hände mit dem Blut des eigenen Volkes zu beflecken, wie es in zeitgenössischen Berichten heißt. 997 folgte István seinem Vater Géza als Großfürst und wurde drei Jahre später, wahrscheinlich am Weihnachtstag des Jahres 1000, mit einer vom Papst Silvester II. gesandten Krone in seiner Residenz Székesfehérvár (Stuhlweißenburg) zum ersten König der Ungarn gekrönt. Er regierte bis zu seinem Tode im Jahre 1038.

Damit waren die Magyaren, gerade einmal hundert Jahre nachdem die heidnischen Stämme ins Donaubecken eingewandert waren und sich weitere zwei Generationen lang nicht so recht vom Dasein räuberischer Reiternomaden verabschieden wollten, zum Mitglied der europäischen Christengemeinschaft geworden. Nun standen sie auf der „anderen Seite", mußten sich und stellvertretend das Abendland gegen ständige Einfälle der Petschenegen, Uzen und Kumanen verteidigen, die, wie einst die Ungarn selbst, aus dem Osten über die Karpaten hereindrangen. Im Jahre 1083 sprach Papst Gregor VII. Ungarns ersten König István (zusammen mit dessen früh verstorbenem Sohn Imre und dem Bischof Gellért) heilig, weil er sich als „Schild der Christenheit" gegen den heidnischen Osten verdient gemacht hatte. Doch trotz mancher Bedrohungen und Rückschläge – Sippenverbände im Osten des Reiches erstarkten zeitweilig und mit ihnen der heidnische Glaube – gelang es den Arpáden, ihre Macht und das Christentum durchzusetzen sowie das Reich zu vergrößern. Sie eroberten Kroatien und Dalmatien und gewannen Zugang zum Mittelmeer.

Doch von Osten her drohte Gefahr: die Mongolen. König Géza II. (1151 bis 1162) rief deshalb zur Sicherung der Karpatengrenze landhungrige deutsche Bauern aus dem übervölkerten Rheinland nach Siebenbürgen und stattete sie mit umfangreichen Privilegien aus. Noch heute leben rund 100 000 dieser „Sachsen", wie sie in der ungarischen Kanzleisprache bald genannt wurden und sich auch selbst so bezeichneten, in Siebenbürgen, das seit dem Friedensvertrag von Trianon im Jahre 1920 zu Rumänien gehört. Den großen Sturm der Tataren (wie die Mongolen auch genannt wurden) im Jahre 1241 konnten freilich auch die wehrhaften deutschen Kolonisten mit ihren Kirchenburgen nicht aufhalten. Unter Führung von Batu Khan schlugen sie am 11. April 1241 beim Dorf Mohi, gelegen südöstlich von Miskolc am Fluß Sajó, das ungarische Heer vernichtend.

Im darauffolgenden Winter überschritten sie die zugefrorene Donau, eroberten den Westen Ungarns und Kroatien. König Béla IV. (1235 bis 1270) floh nach Dalmatien in die Burg Trogir, wo er im Frühjahr 1242 das wundersame Ende des Mongolensturms erlebte: Nachdem Batu vom Tode des Großkhans in der fernen Heimat erfahren hatte, eilte er mit seinem Heer nach Hause, um beim Streit um das Erbe ein machtvolles Wort mitreden zu können. Innerhalb weniger Wochen räumten die Mongolen das bereits eroberte Land, zerstörten aber beim Rückzug möglichst alles, was ihnen nicht schon beim Vordringen zum Opfer gefallen war. Die Verwüstungen müssen gewaltig gewesen sein: „Ungarn wurde nach dreihundertfünfzigjährigem Bestand von den Tataren vernichtet", berichtete ein zeitgenössischer Chronist. Und der österreichische Herzog Friedrich, vom flüchtenden König Béla zu Hilfe gerufen, hatte die Gunst der Stunde genutzt, den hilflosen Nachbarn rasch auch noch auszurauben.

Béla IV., dessen sogleich begonnener Wiederaufbau oft als „zweite Landnahme“ bezeichnet wird, sollte nicht der letzte gewesen sein, der aus Zeiten der Not die bittere Erfahrung gewann, daß Ungarn seinen Feinden allein gegenübersteht. Mit András (Andreas) III., der 1301 starb, erlosch die Arpádendynastie. Es folgten viele Jahrhunderte, in denen bis auf Mátyás (Matthias) I. (1458 bis 1490) ausschließlich ausländische Herrscher auf dem ungarischen Königsthron Platz nahmen. Aus den verwirrenden Machtkämpfen kleiner Staaten um die Vorherrschaft auf dem Balkan ging zunächst das Haus Anjou als Herr über Ungarn hervor, gefolgt von den Luxemburgern. Nach einer kurzen Blütezeit unter den Anjou-Königen Karl I. (1308 bis 1342) und Ludwig I. dem Großen (1342 bis 1382) zerfiel die Macht der Zentralgewalt, und die Großgrundbesitzer gewannen zunehmend Einfluß.

Auch János Hunyadi entstammte einer solchen Magnatenfamilie, mehrte seinen Besitz stetig und stieg zum größten ungarischen Heerführer seiner Zeit auf. Während eines Interregnums (1446 bis 1456) als Reichsverweser eingesetzt, gelang ihm im Juli 1456 der entscheidende Sieg über die Türken, die Belgrad belagert hatten. Sein Sohn wurde 1458 als Mátyás I. zum König ausgerufen. Rasch gelang ihm die Konsolidierung der Königsmacht gegen die Magnaten, und bis zum Ende seiner Regentschaft im Jahre 1490 hatte er es sogar zum Herrscher über Wien gebracht. Nach seinem Tod fiel die Macht im Staat wieder an die Territorialherrscher und die mit einem schlagkräftigen Söldnerheer eroberten Gebiete in Mähren, Schlesien oder Kärnten in fremde Hände.

Mitten in dieser Periode innerer Zerrüttung, während der ein Bauernaufstand des György Dózsa von königlichen Truppen in Siebenbürgen niedergemetzelt wurde, zogen die Türken unter Süleiman II. mit einem rund 130 000 Mann starken Heer gen Westen. Am 29. August 1526 vernichteten sie bei Mohács das ungarische Heer und leiteten eine hundertfünfzigjährige Dreiteilung des Landes ein: in einen habsburgischen Westteil, eine von Buda aus regierte osmanische Provinz in der Mitte und einen siebenbürgischen Ostteil, ebenfalls unter türkischer Oberhoheit.

Die ungezählten Scharmützel und Kämpfe während der Türkenkriege änderten wenig an der verzwickten Lage der Ungarn: Zwischen zwei Mühlsteinen drohten sie zerrieben zu werden, von beiden Seiten als Puffer benutzt. Bald wagten die Ungarn einen Aufstand gegen die Habsburger und versuchten mit Hilfe der Osmanen, den Besatzer aus dem Westen zu schwächen, bald waren die Koalitionsbande gerade umgekehrt. Nachdem die Türken durch die Niederlagen gegen die kaiserlichen Truppen bei Szentgotthárd im August 1664 und schließlich vor Wien im Jahre 1683 stark geschwächt und schließlich vertrieben waren, begann für Ungarn der Kampf aufs neue – gegen den altbekannten Gegner Österreich.

Von Siebenbürgen ausgehend, erfaßte der Aufstand des Fürsten Ferenc II. Rákóczi 1703 ganz Ungarn mit dem Ruf „Mit Gott für Heimat und Freiheit“. Lange wogte der Kampf hin und her, bis 1711 der habsburgtreue ungarische Graf Pálffy in Abwesenheit Rákóczis, der in die Türkei emigriert war, mit den Aufständischen einen Kompromiß aushandelte: den Frieden von Szatmár, der eine Amnestie, Religionsfreiheit – der Osten des Landes hatte sich während der Reformation dem Protestantismus angeschlossen – so wie die Achtung der ungarischen Ständegesetze versprach. Der Wiener Hof trat die Herrschaft über ein ausgeblutetes Land an. Hatte die Einwohnerzahl Ungarns am Ende des Mittelalters noch etwa vier Millionen betragen, sank sie unter osmanischer Besatzung auf 2,5 Millionen; weite Landstriche waren verwüstet oder lagen brach. Rückständig blieb das Land zunächst auch unter den Habsburgern, die Ungarn als bloßen Rohstoff- und vor allem Getreidelieferanten betrachteten.

Über Gestalt und Auswirkungen der Donaumonarchie, die bis zum Ersten Weltkrieg Bestand hatte, ist ein historisches Gesamturteil nicht leicht zu fällen. Unter König Karl III. (1711 bis 1740), unter Maria Theresia (1741 bis 1780) und ihrem Sohn Josef II. (1780 bis 1790) wurde die Zentralgewalt ausgebaut, die ungarischen Stände durch Ausschaltung ihrer Vertretung, des Reichstages, geschwächt und das Deutsche als Amtssprache eingeführt. Anfang des 19. Jahrhunderts, unter Franz I. (1792 bis 1835) und dessen Staatskanzler Fürst Metternich, verstärkten die Habsburger ihre Pressionen durch Zensur und Polizeigewalt. Für das Jahr 1825 wurde erstmals nach dreizehn Jahren wieder ein ungarischer Reichstag einberufen. Mit ihm sollte in Ungarn das liberale und vom erwachenden Nationalbewußtsein geprägte Reformzeitalter beginnen, dem die durch Kriege im Westen geschwächten Habsburger vorerst nichts entgegenzusetzen hatten.

Die führende Persönlichkeit der Reformbewegung, die für einen modernen parlamentarischen Staat, für bürgerliche Freiheitsrechte, die Abschaffung der Leibeigenschaft und die ökonomische Erstarkung Ungarns stritt, war zunächst Graf István Széchenyi. Er veranlaßte die Schiffbarmachung des Unterlaufs der Donau, die Regulierung der Theiß, den Ausbau der Eisenbahnen und ließ zudem die erste feste Brücke zwischen Buda und Pest errichten: die heute auch nach ihm benannte Kettenbrücke, die 1849 dem Verkehr übergeben wurde.

Während Széchenyi an der Bindung zum Hause Habsburg festhalten wollte, nahm sein radikaler Mitstreiter und Widersacher Lajos Kossuth, ein glänzender Publizist und Redner, in seinen Artikeln im „Pesti Hirlap" (Pester Nachrichtenblatt) schon früh Stellung für ein unabhängiges Ungarn. Am 13. März 1848 ergriff die Welle der bürgerlichen Revolutionen auch Wien und zwang Metternich zur Flucht; zwei Tage später erlebte Budapest eine unblutige Revolution. Der geniale Sándor Petöfi, mit gerade einmal 25 Jahren schon der bekannteste ungarische Dichter seiner Zeit, hatte am 13. März das „Nationallied" geschrieben, das zum Manifest des Freiheitskampfes wurde: „Ungar auf, es ruft die Heimat! Die Zeit ist da, jetzt oder niemals! Werden wir Sklaven sein oder Freie? Das ist die Frage, wählet ihr!" Doch mit der Wahl der Ungarn war es nicht getan, denn wie in jeder historischen Situation, wollten auch diesmal die mächti-

gen Nachbarn im Westen und Osten ihre Interessen und ihre Macht wahren.

Am 17. März 1848 wurde Graf Lajos Batthyány zum Ministerpräsidenten ernannt. Die Namen seiner teils gemäßigten, teils radikalen Kabinettsmitglieder schmücken noch heute unzählige Straßenschilder und öffentliche Institutionen: Lajos Kossuth, Ferenc Deák, József Eötvös oder István Széchenyi. Am 11. April unterschrieb Ferdinand V. das in aller Eile vom Parlament in Pest verhandelte Gesetz über ein „verantwortliches ungarisches Ministerium".

Obwohl in Ungarn die Anhänger eines Ausgleichs mit den Habsburgern die Oberhand behalten hatten, bereiteten hohe Militärs in Wien den Gegenschlag vor. Im Herbst 1848 kam es zu ersten Gefechten, die die ungarische Honvéd-Armee aber gut bestand. Am 4. März 1849 erließen der neue, erst achtzehnjährige Kaiser Franz Joseph I. und sein Ministerpräsident Schwarzenberg eine gesamtstaatliche Verfassung, die fast alles wieder zurücknahm, was die Ungarn erstritten hatten. Dem wiederum ließ der am 14. April im ostungarischen Debrecen tagende Reichstag die Absetzung der Habsburger und die Ernennung Kossuths zum Reichsverweser folgen - faktisch eine Unabhängigkeitserklärung.

Das katastrophische Ende ließ nicht lange auf sich warten: Eine von Franz Joseph zu Hilfe gerufene Armee des Zaren Nikolaus I. rückte von Osten an und schlug bei Schäßburg die von General Bem geführten Ungarn entscheidend; auch Sándor Petőfi fand am 31. Juli auf dem Schlachtfeld den Tod. Von Westen griffen die kaiserlichen Truppen unter General Haynau an. Haynau war es auch, der nach der Niederwerfung der Revolution grausame Vergeltung übte: Am 6. Oktober 1849 ließ er in Pest Ungarns ersten Ministerpräsidenten Lajos Batthyány und in der Festung Arad 13 Generale der Honvéd-Armee hinrichten. Széchenyi befand sich seit Herbst 1848 im Irrenhaus in Wien-Döbling, wo er sich 1860 erschoß, Kossuth lebte bis zu seinem Tode 1894 im Exil.

Dem Zusammenbruch und dem Terror folgten Resignation, Furcht und Erstarrung. Wieder einmal war das Land zwischen zwei übermächtigen Gegnern aufgerieben worden. Erst nach zwanzig Jahren neoabsolutistischer Herrschaft, als die Habsburger durch Niederlagen im Westen, gegen

Italien und Preußen, geschwächt waren, suchten sie den Ausgleich mit Ungarn.

Ferenc Deák, der schon dem Kabinett Batthyány angehört hatte, war auf ungarischer Seite der Architekt des Ausgleichs. Am 8. Juni 1867 wurde der österreichische Kaiser Franz Joseph in der Matthiaskirche von Buda zum ungarischen König gekrönt. Mit der Anerkennung der „Länder der ungarischen Krone" als souveränes Königreich und der Ernennung des Grafen Gyula Andrássy zum Ministerpräsidenten begann die hohe Zeit der „kaiserlichen und königlichen" (k.u.k.) Doppelmonarchie.

Die Epoche des Dualismus, während der es ein gemeinsames Außen- und Kriegsministerium gab, war für Ungarn wirtschaftlich und auch kulturell eine Blütezeit. Die Hauptstadt Budapest, 1873 aus dem Zusammenschluß von Obuda, Buda und Pest entstanden, entwickelte sich zu einer europäischen Metropole mit Bauboom und bedeutender Industrieansiedlung. Große Magistralen wie die Andrássy út und Repräsentationsbauten wie die Oper oder das Parlament wurden nach dem Vorbild westlicher Großstädte geschaffen. Ein stark jüdisch geprägtes Besitzbürgertum unterstützte mäzenatisch das rege Kunst- und Kulturleben. Auch die Große Synagoge am Tanács körút/Ecke Dohány utca, die von 1854 bis 1859 im Stil des romantischen Historismus mit maurischen Elementen erbaut wurde, zeugt von der Bedeutung der jüdischen Gemeinde: um die Jahrhundertwende waren zwanzig Prozent der Einwohner Budapests jüdischer Herkunft.

Die 1896 mit großem Aufwand begangenen Feiern zum Millenium der Landnahme brachten das Hochgefühl zum Ausdruck, in einer Epoche des Aufschwungs und des Fortschritts zu leben. Auf dem Land war von dieser Euphorie wenig zu spüren, Hunderttausende verarmter Landarbeiter suchten ihr Glück in der Abwanderung. Wie in ganz Europa verrauchten auch in Ungarn die Hoffnungen auf eine große Zukunft im Pulverdampf des Ersten Weltkriegs. Am Ende des verlorenen Krieges waren die Doppelmonarchie zerfallen, die Wirtschaft ruiniert, eine rechtskonservative Republik und eine linke Räterepublik binnen Monaten auf- und wieder abgetreten, im August 1919 königlich-rumänische Truppen ein- und nach kräftigen Plünderungen im November wieder abmarschiert.

Admiral Miklós Horthy, letzter Befehlshaber der k.u.k. Marine und Integrationsfigur der konservativ-nationalen Restauration, ging aus den Machtkämpfen als starker Mann hervor. Eine seiner ersten außenpolitischen Aufgaben war am 4. Juni 1920 die Unterzeichnung des Friedensvertrags von Trianon, mit dem Ungarn 71 Prozent seines Vorkriegsterritoriums einbüßte. Zudem lebten 3,5 Millionen Ungarn fortan in fremden Staaten, das Land selbst war ausgeplündert und zerrüttet. Der Versuch, die verlorenen Gebiete wenigstens teilweise zurückzuerhalten, blieben das außenpolitische Hauptziel Horthys, der bis 1944 als Reichsverweser amtierte.

Hitlers aggressiver Außen- und Besatzungspolitik verdankte Horthy die Zurückgewinnung großer Gebiete: 1938 die Südslowakei, 1940 Siebenbürgen (ungarisch Erdély). Der dafür zu entrichtende Preis war die Teilnahme an Hitlers Krieg gegen die Sowjetunion – und die Niederlage wenige Jahre darauf. Nachdem Hitlers Rußlandfeldzug durch die sowjetische Winteroffensive vollends gescheitert und dabei auch die 2. ungarische Armee vernichtet worden war, versuchte Horthy in Geheimverhandlungen, einen Separatfrieden mit Stalin zu erreichen. Hitler erfuhr von diesen Versuchen und ließ Ungarn am 19. März 1944 besetzen. Bis heute diskutieren die Historiker darüber, ob die 460 000 Juden und fast 30 000 Zigeuner, die ab März 1944 von Ungarn aus nach Auschwitz und in andere Lager deportiert und dort ermordet wurden, am Leben geblieben wären, wenn Horthy die Besetzung Ungarns durch die Deutschen nicht förmlich provoziert hätte.

Im Oktober 1944 unternahm Horthy einen zweiten Versuch, mit der über die Karpaten anrückenden Roten Armee einen Waffenstillstand zu schließen. Auch diesmal mißlang das dilettantische Unterfangen, und die Deutschen setzten die faschistischen Pfeilkreuzler unter Ferenc Szálasi an die Macht. Während die Sowjets bereits den Osten des Landes besetzten, machten die Pfeilkreuzler in Budapest Jagd auf ihre Feinde und auf die im Getto verbliebenen Juden. Am 13. Februar 1945 wurde Budapest befreit, im April auch der Westen des Landes. Wieder hatte Ungarn den Krieg eines mächtigen Nachbarn aus dem Westen mitverloren, wieder war das Land verwüstet und wieder in die Grenzen von 1920 verwiesen.

Schon im März 1945 begann vom befreiten Debrecen aus, wo sich ein provisorisches Parlament gebildet hatte, die staatliche Erneuerung Ungarns: Eine Bodenreform verteilte allen Grundbesitz, der größer als 115 Hektar gewesen war, an landlose Kleinbauern. Im November erreichte bei den ersten allgemeinen Wahlen die konservative Partei der Kleinlandwirte sechzig Prozent der Sitze in der Nationalversammlung. Doch unter den wohlwollenden Blicken der sowjetischen Besatzer zertrat der ungarische KP-Chef Mátyás Rákosi das zarte Pflänzchen der parlamentarischen Demokratie, errichtete eine stalinistische Diktatur und rief am 20. August 1949 die Volksrepublik Ungarn aus.

Was zwischen dem 23. Oktober und dem 4. November 1956 in Ungarn geschah, war das rauschhafte Gelingen einer Revolution und das blutige Ende der neuerlichen Hoffnung auf Demokratie und Unabhängigkeit. Nach kleineren Demonstrationen an den Tagen zuvor forderten am 23. Oktober 1956 100 000 Menschen freie Wahlen, demokratische Reformen und die Wiederernennung des liberalen Ministerpräsidenten Imre Nagy, der vom stalinistischen Parteichef Rákosi abgesetzt worden war. Aus dem

Gebäude des Fernsehens feuerten Sicherheitskräfte in die wehrlose Menge, worauf der revolutionäre Funke auch auf Polizei und Militär übersprang. Ein erster Angriff sowjetischer Panzer wurde abgewehrt und Imre Nagy noch in der Nacht zum 24. Oktober zum Regierungschef ernannt. Dann überstürzten sich die Ereignisse: Nagy, immerhin selbst Mitglied der kommunistischen Partei, erneuerte das Mehrparteiensystem, kündigte freie Wahlen an, erklärte Ungarns Neutralität und den Austritt aus dem Warschauer Pakt; in den Betrieben wurden Arbeiterräte gewählt, die Landwirtschaftlichen Produktionsgenossenschaften lösten sich auf.

Zwölf Tage währte der Traum, dann kehrten die sowjetischen Panzer zurück. In mehrtägigen erbitterten Kämpfen mit schätzungsweise 25 000 Toten wurde die Revolution niedergeschlagen. János Kádár war der neue Mann von Moskaus Gnaden, und er führte sich mit brutaler Vergeltung ein: Etwa 4000 Aufständische wurden verhaftet und hingerichtet, unter ihnen Imre Nagy und seine engsten Vertrauten, die im Juni 1958 in aller Heimlichkeit umgebracht und auf einem Friedhof vor den Toren Budapests verscharrt wurden. 200 000 Ungarn emigrierten damals, und im Lande selbst wirkte das lähmende Entsetzen noch Jahre nach. Ein großer Nachbar war wieder einmal ins Land gekommen und hatte seine Vasallen mitgebracht.

Doch aus dem Verräter an Volk und Land wurde ein „Held des Rückzugs", wie Hans Magnus Enzensberger 1989 über János Kádár schrieb. Bis zu seinem Rücktritt im Jahre 1988 verfolgte er den Weg des Ausgleichs und der Konsolidierung unter der Anfang der sechziger Jahre ausgegebenen Parole: „Wer nicht gegen uns ist, ist für uns." Es gelang ihm, wie der Schriftsteller György Konrád es einmal formulierte, gleichermaßen den Zorn Moskaus und den der ungarischen Gesellschaft zu vermeiden. In Landwirtschaft, Dienstleistung und Handwerk wurde immer mehr private Initiative zugelassen, der Druck nach innen gemindert und seit den siebziger Jahren allgemeine Reisefreiheit gewährt. Der ungarische „Gulaschkommunismus" war das Erträglichste, was der ehemalige Ostblock hervorbrachte. Dazu paßt auch, daß Kádárs Nachfolger, allen voran Außenminister Gyula Horn, im Sommer 1989 mit dem Abbau der Grenzanlagen zu Österreich begannen. So viele nutzten damals dieses Loch im Eisernen Vorhang zur Flucht aus der DDR, und so viele protestierten im Inneren, daß der so sorgsam eingemauerte deutsche Staat fünfzehn Monate später schon nicht mehr existierte.

In Ungarn aber wurde das Mehrparteiensystem wieder eingeführt, die Märtyrer von 1956 in einem Staatsakt beigesetzt, und am 23. Oktober 1989, 33 Jahre nach Ausbruch der Revolution, vor mehr als 100 000 Menschen am Parlament die „Republik Ungarn" ausgerufen. Seit den Wahlen im März 1990 regiert eine konservative Koalition unter Ministerpräsident József Antall (Ungarisches Demokratisches Forum) und müht sich, das Schiffchen Ungarn in der rauhen See der Marktwirtschaft auf Kurs zu halten.

Für viele, vor allem für Rentner und Einkommensschwache, hat sich die wirtschaftliche Lage seit der Wende erheblich verschlechtert: Mit einer Inflationsrate von mehr als 34 Prozent im Jahr 1991 konnten Renten- und Lohnerhöhungen nicht mithalten, das Realeinkommen sank. 1992 wird zwar mit einem Rückgang der Inflation auf etwa 26 Prozent gerechnet, die Arbeits-

losenquote dürfte aber auf mehr als 15 Prozent steigen. Nach einer Meldung der Tageszeitung „Népszabadság“ im Juli 1992 steht jedem fünften Ungarn weniger Geld zur Verfügung, als man nach einer amtlichen Bedarfsrechnung zum Leben braucht. Wie ehedem müssen viele Ungarn mehreren Jobs nachgehen, um finanziell über die Runden zu kommen.

Hin und wieder hat die Regierung zudem Schwierigkeiten beim Umgang mit den neuen Spielregeln der Demokratie. So gab es Versuche, wichtige Zeitungen sowie Fernsehen und Rundfunk mit gefügigen Leuten zu besetzen und zu Organen für Regierungsverlautbarungen zu machen. Dagegen erhob Präsident Arpád Göncz drohend den Finger und Einspruch, sicher nicht nur deshalb, weil er dem linksliberalen „Bund Freier Demokraten“ angehört, dessen Abgeordnete im Landesparlament auf den Oppositionsbänken sitzen. In Streitfällen wie diesen hat sich das nach deutschem Modell gebildete Verfassungsgericht stets als wachsamer Hüter der demokratischen Strukturen gezeigt.

Was sich im Sommer 1991 ereignete, erregte wenig Aufsehen, obwohl eine lange leidvolle Epoche damit zu Ende ging: Die letzten sowjetischen Truppen verließen Ungarn. Nun lenkt eine in freier Selbstbestimmung gewählte Volksvertretung die Geschicke des Landes, keine fremde Übermacht nimmt Einfluß oder schickt gar Truppen. Vorerst ist kein großer Nachbar mit Begehrlichkeiten oder Herrschaftsansprüchen in Sicht, und so bemühen sich die Ungarn wieder einmal, Anschluß an den Westen Europas zu finden. Es besteht Aussicht, daß ihnen auf dem ohnedies steinigen Weg diesmal wenigstens niemand absichtlich ein Bein stellt. ◀

die Schöne am großen Fluß: Budapest

Es hat schon seine Richtigkeit mit diesem Bild: die Donau und das Parlament. Es ist das Lieblingsmotiv für das Erinnerungsfoto, den Stadtplan, den Buchdeckel, die Postkarte. Das Parlament mit seinen Bogen und Säulen und Toren und Fialen steht, 268 Meter lang und fast 100 Meter hoch, für das Baufieber des späten 19. und frühen 20. Jahrhunderts, dem Budapest wesentliche Züge seines Gesichts verdankt; die Donau fließt, bis zu 800 Meter breit, mitten durch die Stadt hindurch und teilt sie, wie eine uralte Monarchin, deren Erlasse nicht begründet und bezweifelt werden, in zwei Hälften.

Was wären Buda und Pest ohne die Brücken, die den Strom überspannen? Die vier ältesten und schönsten: die Ketten-, Margareten-, Elisabeth- und Franz-Joseph-Brücke (jetzt Freiheitsbrücke) wurden zwischen 1849 und 1903 errichtet und nach 1945 weitgehend in ihrer ursprünglichen Gestalt wiederaufgebaut. Wien und Belgrad werden von der Donau auf ihrem Weg ins Schwarze Meer gewissermaßen links (in Wahrheit nämlich rechts) liegengelassen, in Budapest aber macht sie Station, schenkt die grüne Margareteninsel, auf der bis heute keine Autos fahren dürfen, und, weiter im Süden, die Insel Csepel, wo die Brüder Manfred und Berthold Weiss vor hundert Jahren mit einer Metallfabrik den Grundstein legten für Ungarns größten Industriekomplex.

Heute hat Budapest etwas mehr als zwei Millionen Einwohner. Von den insgesamt 22 Millionen Touristen, die 1991 nach Ungarn kamen, haben mehr als die Hälfte Budapest besucht, die vielleicht schönste Großstadt an der Donau. Sie kommen wegen der Atmosphäre der Stadt und auch wegen der für Besucher aus dem Westen noch immer günstigen Preise. 1867, zu Beginn der k.u.k. Doppelmonarchie, wohnten in Budapest kaum 300 000 Menschen. Bis zur Jahrhundertwende hatte sich die Zahl der Einwohner fast verdreifacht, die der Häuser mehr als verdoppelt. Was heute noch steht und allgemein bewundert wird, wurde zum großen Teil zu jener Zeit gebaut oder geplant.

Am Ende des Zweiten Weltkrieges war Budapest neben Berlin und Warschau die am stärksten von Kriegsfolgen gezeichnete Hauptstadt in Europa: Fast drei Viertel aller Häuser waren schwer beschädigt, ein Drittel war ganz zerstört; die Donaubrücken lagen, von der deutschen Wehrmacht gesprengt, im Wasser. Der Wiederaufbau kam nur schleppend in Gang: Aus ideologischen Gründen wurde während der stalinistischen Zeit kaum etwas restauriert, dafür vieles bei der Niederschlagung der Revolution von 1956 zerstört. 1963 wurde die letzte Straßenverbindung über die Donau, die Elisabethbrücke, wieder dem Verkehr übergeben. Erst seit den siebziger Jahren erzählen viele Häuser und Straßenzüge in Budapest wieder von dem Geist, der ihre Planer und Erbauer vor mehr als hundert Jahren beseelte: eine fortschrittliche und moderne Stadt zu bauen und sie mit allen architektonischen und ornamentalen Schönheiten auszustatten, die von der Epoche bereitgehalten wurden.

Kein anderes Gebäude verkörpert diesen Willen augenfälliger als das üppige Parlament. 1883 wurden die ersten Pläne für das neue „országház", das „Haus der Nation", wie es ungarisch heißt, vorgelegt. Nicht Kosten noch Kräfte sollten gespart werden, um die Selbstbestimmung des ungarischen Volkes zu symbolisieren. 1884 begann der Bau nach Plänen des Architekten Imre Steindl. Um dem gewaltigen Gewicht des zu errichtenden Gebäudes ein angemessenes Fundament zu geben, wurde zum Ufer der Donau hin eine riesige, zwei Meter dicke Betonplatte in den Boden gelassen. In großer Eile ging es ans Werk, wollte man doch bis zur Milleniumsfeier 1896 das Haus feierlich seiner Bestimmung übergeben. Daraus wurde jedoch nichts, jedenfalls nicht ganz. Denn am 8. Juni 1896, als Kaiser Franz Joseph und seine von den Ungarn so verehrte Gattin Elisabeth nach Budapest kamen, um der feierlichen Überbringung der Stephanskrone ins Parlament beizuwohnen, mußten die hohen Gäste und das zahlreiche Volk mit der stattlichen Kuppelhalle vorliebnehmen. Die Seitenflügel waren noch im Rohbau.

Erst 1902 war das Parlament mit seinen fast 700 Räumen, in denen 22 Kilo Blattgold zur prachtvollen Dekoration verwendet worden waren, mit seinen 27 Toren, von denen die meisten bis zum heutigen Tag verschlossen sind, und seiner Klimaanlage, der ersten in Europa, vollständig fertiggestellt. Es war seinerzeit das größte Parlamentsgebäude der Welt und zudem eine architektonische Kühnheit sondergleichen. Fast ein wenig unverfroren wurde mit dem Parlament die vorherrschende Stilrichtung der Epoche, der Eklektizismus, gefeiert: barock im Grundriß, mit einer Zentralkuppel im Renaissancestil, mit Elementen des ungarischen Mittelalters und einer großen Portion der letztlich dann doch bestimmenden Westminster-Gotik, die wie ein zähflüssiger Zuckerguß auf das ganze Gebäude geträufelt ist.

Über das Baufieber, das freilich so richtig erst steigen konnte, nachdem man durch Abriß in den gewachsenen Vierteln der Innenstadt Platz geschafft hatte, schrieb damals der Schriftsteller und Bohemien Gyula Krúdy (1878 bis 1933): „Tagsüber haben sie immer gebaut, Türme auf Paläste gesetzt, der Sonne entgegen, und die Nächte glichen eher Begräbnissen, eine unendliche Reihe von Leichenwagen hat das morsche Material aus der Stadt geschafft, die Überreste von alten Menschen, alten Häusern, alten Straßen und alten Sitten."

Zu den bedeutendsten Beispielen dieser damals so aufregend neuen Architektur gehört die von 1872 bis 1886 angelegte Andrássy út: bis zu 45 Meter breit und fast drei Kilometer lang, verläuft sie schnurgerade vom Kleinen Ring bis zum Heldenplatz mit dem Milleniumsdenkmal. Die ursprünglich und jetzt wieder nach dem Ministerpräsidenten der „Ausgleichs"-Epoche nach 1867, Gyula Graf Andrássy, benannte Straße mußte schon mancherlei Namen über sich ergehen lassen: von Horthy über Hitler bis Stalin, zwischendurch hieß sie „Straße der Weltjugend" und bis 1989 „Straße der Volksrepublik". An ihr reihen sich zweistöckige Villen, prächtige Mietshäuser und natürlich die von Miklós Ybl gebaute Oper, die 1884 eröffnet wurde.

Gekreuzt wird die Andrássy út vom Äußeren oder Großen Ring, der heute natürlich nicht mehr nach Lenin, sondern wie ehedem nach den Habsburgern Teréz (Theresia), Erzsébet (Elisabeth), József und Ferenc (Franz) heißt. Der Große Ring, der auf einem trockengelegten Donauarm von der Margaretenbrücke (1878) im Norden bis zur Petöfibrücke (1937) im Süden verläuft, wurde von 1871 bis 1896 gebaut. Seine bedeutendsten Gebäude sind neben dem Lustspieltheater (1895/96) und dem von Eiffels Büro entworfenen Westbahnhof (1874/77) das Café und Restaurant „New York" (1891). Das mit schwülstiger Pracht überladene „New York" war in den zwanziger und dreißiger Jahren wichtigster Treffpunkt für Schriftsteller aller Art, viele von ihnen sind auf scharfsinnigen Karikaturen in den Wandelgängen des Cafés zu sehen.

Naturgemäß gehörte auch eine ausgeprägte Kaffeehauskultur zu Budapests Gründerzeit, die ja auch eine der künstlerischen und intellektuellen Entwicklung war.

Anders aber als steinerne Zeugnisse überdauern die Lebensäußerungen einer Epoche nicht wirklich, sondern nur als Überlieferung. So kann man sich heute vom Budapester Kaffeehausleben zwar eine Vorstellung machen, finden jedoch kann man es nicht mehr, mögen die Cafés auch noch so schön sein. Wie das „Gerbeaud" am Vörösmarty tér zum Beispiel, das 1858 als eines der ersten Kaffeehäuser Budapests von Henrik Kugler gegründet und seit 1884 von Emil Gerbeaud betrieben wurde. Einige Damen fortgeschrittenen Alters mögen noch zur authentischen Ausstattung eines Kaffeehauses gehören, die lärmenden Touristenscharen in greller Freizeitkleidung aber gewiß nicht.

Anderswo gibt es dieses Zusammenstimmen von Leben und Raum aber noch: in den Innenhöfen der drei- oder vierstöckigen Mietshäuser in den Pester Wohnquartieren und in den Markthallen, die es in fast allen diesen Bezirken gibt. Unter einem Himmel aus Stahl und Glas stehen neben den Händlern in ihren schmucken Verkaufsständen auch Mütterchen und Bäuerchen, die aus dem Umland in die Hauptstadt gekommen sind und auf Holztischen ihr Gemüse oder Geflügel anbieten. Ihre Gesichter sind Landschaften, die vom rauhen Klima des Lebens erzählen, und zu den Kunden sagen sie „mein Engelchen" oder „mein Täubchen".

Um die langgestreckten Markthallen, etwa am Rákóczi und Hunyadi tér oder am Vámház körút, ragen die Mietkasernen in den Himmel. Meistens sind die Eingangstüren zu den einzelnen Wohnungen nicht über das Treppenhaus zu erreichen, sondern über umlaufende Balkongalerien. Hier dröhnt der Fernseher oder das Radio, Ehekrisen werden von Tür zu Tür oder von Etage zu Etage besprochen, hier wird „lecsó" gekocht (eine Art Gemüseeintopf aus Paprika, Zwiebeln, Paprika, Tomaten und noch einmal Paprika), dort das „pörkölt" geschmort (dessen Schwundform bei uns das Gulasch ist).

Der offene, höchst kommunikative Hinterhof kommt der Lebensweise und Lebenssicht der Ungarn sehr entgegen: Selbst in der Großstadt lassen sich dörfliche Nachbarschaften pflegen, und Ilona nimmt schwermütig teil am Unglück von Vera nebenan mit ihrem untreuen Jancsi, weil ihr dasselbe mit Laci auch schon passiert ist (oder passieren könnte). Es gibt keinen Grund, Kummer und Freude vor den anderen zu verbergen, weil das Leben für jeden ungefähr die gleiche Menge von beidem bereithält.

Budapest ist eine Stadt der Bäder, 123 warme Quellen steigen aus der Tiefe empor und speisen die vielen Thermalbäder der Stadt. Ins Bad zu gehen gehört zu den regelmäßigen Vergnügungen der Budapester aller Schichten. Man sitzt im wohlig warmen Wasser, pflegt Konversation oder Kontemplation. Wahrscheinlich entdeckten die Kelten, die im 4. Jahrhundert v. Chr. aus dem Westen ins Donaubecken kamen, die Heilkraft der warmen Quellen. Jedenfalls nannten sie ihre Siedlung Ak-Ink, was ungefähr reiches Wasser bedeutet. Um 90 n. Chr. errichteten die Römer, die hundert Jahre zuvor Westungarn zu ihrer Pro-

vinz Pannonia Inferior gemacht hatten, das Legionslager Aquincum. Dessen Überreste, umfangreiche Wasserleitungen und Badeanlagen, sind noch heute an der Straße nach Szentendre im Bezirk Óbuda zu sehen.

Während der fast hundertfünfzigjährigen Herrschaft der Türken über Ungarn entwickelte sich an dem Ort, der einmal Budapest heißen sollte, eine außergewöhnliche Bäderkultur. Die Atmosphäre eines Hamam hat bis in unsere Tage das Király-Bad an der Fö utca bewahrt, auf dessen Kuppel sogar noch der Halbmond prangt. Das Gellért-Bad im gleichnamigen Hotel, erbaut von 1911 bis 1918 im Jugendstil, 1957 restauriert und erweitert, ist das fashionabelste unter den Bädern Budapests. Im weitläufigen Széchenyi-Bad, einer barockisierenden Anlage von 1913, trifft man wahrscheinlich die meisten älteren Damen und ganz gewiß die meisten Schachspieler.

Nicht weit vom Bad entfernt, in der Állatkerti út, hat im Mai 1992 das mit viel Aufwand und Geschmack im Stil der Jahrhundertwende umgebaute Restaurant „Gundel" wiedereröffnet. 1894 von Ferenc Wampetics gegründet, wurde es 1910 von Károly Gundel, dem Vater der ungarischen Haute Cuisine, übernommen und zum Tempel der Küchenkunst gemacht. Für George Lang, den ungarischstämmigen Meisterkoch und Geschäftsmann aus Amerika, war es die Erfüllung eines langgehegten Traums, das „Gundel" wieder zu dem zu machen, was es jahrzehntelang war: das feinste und beste Restaurant in Ungarn, vielleicht sogar in ganz Ostmitteleuropa.

Doch nicht überall konnte die Umstellung vom sozialistischen Winterschlummer auf den kapitalistischen Frühjahrssturm so rasch vollzogen werden wie im beispielhaften Fall des „Gundel". Auch das „Gundel" wäre heute wahrscheinlich noch so plüschig und vermufft wie vor Jahren, wenn nicht ein privater Investor viel Geld und Energie mitgebracht hätte, um „sein" Restaurant voranzubringen.

Am Deák tér ist das Knirschen, mit dem sich die neue Zeit über die alte schiebt, am deutlichsten zu vernehmen. Jeden Tag bricht der Verkehr zusammen. Qualm liegt über dem Platz, rußiger Qualm von Dieselmotoren, öliger Qualm von Zweitaktern. Am Deák tér treffen zwei Hauptverkehrsadern aufeinander: die Andrássy út, unter der die älteste elektrische Untergrundbahn des europäischen Festlands verkehrt, und

der Kleine Ring. Hier kreuzen sich außerdem zwei Metrolinien: Die eine verbindet, tief unter der Donau, in west-östlicher Richtung die beiden Stadthälften Buda und Pest, die andere, etwas weniger tief, führt auf Pester Seite von Norden nach Südosten in die Trabantenstädte der äußeren Bezirke.

Wenige Schritte vom Eingang zur Metro entfernt, wo sich Menschen mit Einkaufstüten und Aktentaschen an Zeitungskiosken und Kleidertischen vorbeischieben, präsentiert Porsche Hungaria neue Automodelle aus Deutschland – in denselben Räumen übrigens, wo früher das DDR-Kulturinstitut neue Bücher und Schallplatten vorstellte, auch aus Deutschland. Die Autos sind nicht für die vielen Alten und Armen gedacht, die sich auf den Bänken rund um den Platz ein Stelldichein geben. Auch das im Juli 1992 eröffnete „Grand Hotel Corvinus" der Kempinski-Kette, in dem nur die betuchtesten der Budapest-Besucher absteigen, scheint irgendwie über dem sehr irdischen Gestank und Gewimmel des Platzes zu schweben.

Geht man wieder einige Meter weiter Richtung Donau, gelangt man auf den Vörösmarty tér, wo Porträtmaler Touristen zeichnen, und schließlich in die umtriebige Váci utca, wo sich ein nobles Geschäft ans andere reiht. Wie eine Quecksilbersäule, die das Wirtschaftswachstum anzeigt, sind Büros und Geschäftsräume in die oberen Stockwerke emporgeklettert, in denen vor vielleicht drei Jahren noch Mietwohnungen waren.

In diesem kleinen Stadtraum widerspiegelt sich Wohl und Wehe von ganz Budapest. Keine andere Metropole der ehemals sozialistischen Staaten ist auf dem Weg zur Marktwirtschaft so weit vorangeschritten. Nirgendwo sonst hat der schneidende Wind des Kapitalismus ganze Straßenzüge so gründlich durcheinandergewirbelt, hat die Schwächeren so gnadenlos umgeweht und die Gewieften so weit vorangetrieben.

Die großen Städte Mittel- und Osteuropas waren, nachdem sie um die Jahrhundertwende ein meist klassizistisches Gesicht und eine moderne Innenausstattung erhalten hatten, seit dem Ende des Zweiten Weltkrieges in eine Art Halbschlaf versunken. Jetzt erwachen sie wieder zu alter Lebendigkeit, und siehe, vieles aus jener fernen Blütezeit paßt noch heute. Manches aber kann dem neuen Tempo und der neuen Geschäftigkeit nicht mehr genügen.

Auch dieses wird in Budapest deutlicher als anderswo.

Mit den Veränderungen im Leben der Stadt kann kein Planer schritthalten, geschweige denn ihnen vorauseilen. So geht es vielerorts eher naturwüchsig zu, am augenfälligsten im Straßenverkehr. Seit der Öffnung des Landes hat die Fahrzeugdichte stark zugenommen, wenn auch nicht so sprunghaft wie etwa in den fünf neuen Bundesländern. Fast die Hälfte aller 2,2 Millionen in Ungarn zugelassener Fahrzeuge bewegt sich in und um Budapest, darunter immerhin noch 100 000 Zweitakter, die einen ganz besonderen Duft verbreiten. Hinzu kommen die unzähligen Autos und Busse der ausländischen Besucher.

Der Fernlast- und Transitverkehr wälzt sich ebenfalls durch die ohnehin überfüllte Stadt, zumal seit Kriegsausbruch die Fahrt durch das ehemalige Jugoslawien nicht mehr möglich ist. Erst 1994 wird die südliche Stadtumfahrung und die Verbindung der Westautobahn mit der Schnellstraße nach Südosten fertig sein. Bis dahin werden griechische, türkische, bulgarische, rumänische und sogar iranische Lastwagen über die Donaubrücken und, vorbei an rußgeschwärzten Häuserzeilen, durch die Innenstadt rumpeln.

Balázs Arató, der sich nach guter alter k.u.k.-Manier „Sektionschef" nennt, ist im Budapester Rathaus zuständig für Verkehrsplanung. Projekte für die Verbesserung des öffentlichen Nahverkehrs hat er zuhauf, aber natürlich fehlt das Geld. Immerhin benutzen 75 bis 80 Prozent der Berufspendler in Budapest Busse und Bahnen, doch wegen der nach wie vor recht niedrigen Fahrpreise wird nur ein Viertel bis ein Drittel der gesamten Betriebskosten durch Einnahmen gedeckt; den großen Rest von 11 Milliarden Forint im Jahr 1992 (rund 210 Millionen Mark) muß die Stadt bezahlen. In den kommenden drei bis vier Jahren soll wenigstens ein Kostendeckungsgrad von vierzig Prozent erreicht werden (in westlichen Großstädten sind rund fünfzig Prozent die Regel), was naturgemäß nur durch eine kräftige, für viele kaum zu verkraftende Fahrpreiserhöhung möglich sein wird.

Andernfalls aber bliebe vom Zuschuß der Stadt nichts für dringende Investitionen übrig: für die bis 1996 geplante S-Bahn zum Beispiel, die auf bereits bestehenden Gleisen der Eisenbahn den Pendelverkehr aus den Vorstädten von Bussen auf die Schiene verlegen soll; für die Anschaffung neuer Straßenbahnwaggons oder für die Einrichtung von Busspuren. Daß der Etat für Erhalt und Ausbau des innerstädtischen Straßennetzes mit 4,8 Milliarden Forint (92 Millionen Mark) nicht einmal halb so groß ist wie der für Investitionen in öffentliche Verkehrsmittel, darf nicht verwundern: Budapest wird dem Dauersmog nur dann nicht erliegen, wenn wieder weniger Leute mit dem Auto fahren, weil Busse und Bahnen bequemer und schneller sind.

Nach dem Vorbild westeuropäischer Ballungsräume werden deshalb die Betreiber der verschiedenen Verkehrssysteme bis 1996 zu einem integrierten Verbund zusammengeschlossen: von der fast schon museumsreifen „Földalatti" unter der Andrássy út, über Busse, Straßenbahnen und Trolleybusse bis hin zur Metro und zur Vorortbahn HÉV.

Wie verwaltet man das Leben einer Zwei-Millionen-Stadt, in der die alten Regeln nicht mehr gelten und neue noch nicht gefunden sind? Die Frage stellt sich allenthalben im Budapester Rathaus – und Zoltán Csorba im Bereich Wohnungswesen nicht minder drängend. Derzeit ist die Lage höchst unübersichtlich. Die ehemals staatseigenen und -verwalteten Wohnungen sind 1991 in Besitz und Verwaltung der 22 Stadtbezirke übergegangen. Dort stellen sich die Dinge jeweils vollkommen unterschiedlich dar.

In Ungarn gab es mehr Privateigentum an Wohnraum als in irgendeinem sozialistischen Bruderland: gerade einmal 21 Prozent der insgesamt knapp vier Millionen Wohneinheiten waren in Staatsbesitz, in Budapest ist das Verhältnis zwischen privatem und jetzt kommunalem Wohneigentum im Durchschnitt auch heute noch eins zu eins. In den ausgedehnten Gartenstädten einiger Außenbezirke gibt es praktisch nur Privathäuser, die mit eigener Hände Arbeit errichtet wurden und von den Eigentümern in gutem Zustand erhalten werden.

In der Elisabethstadt im siebten Bezirk dagegen, einem typischen innerstädtischen Pester Wohnquartier, das um die Jahrhundertwende die höchste Einwohnerdichte der ganzen Stadt hatte und stark jüdisch geprägt war, gehören so gut wie alle Häuser dem Bezirk. An vielen der hundertjährigen Mietskasernen wurde seit deren Errichtung nichts verbessert, bis zu einem Drittel der Wohnungen hat nicht einmal Innentoiletten. Beim Betrachten der abbröckelnden schwarzen Fassaden kann man rätseln, welche Einschußlöcher von 1945 stammen, als sich Wehrmacht und Rote Armee erbitterte Straßenkämpfe lieferten, und welche aus den Zeiten der Revolution von 1956, als russische Panzer nicht als Befreier, sondern als Besatzer durch die Stadt rollten.

Viele Häuser bedürfen dringend der Renovierung, doch woher soll der Bezirk das Geld nehmen? Die Mieteinnahmen sind gering, es gibt überdurchschnittlich viele Arme und Alte in solchen Quartieren. Erste Anzeichen von Verslumung sind kaum noch zu übersehen: Autowracks verrosten in Baulücken, Einbrüche und Diebstähle nehmen zu, abgerissene Gestalten schlurfen um zerfallende Häuser und wühlen in Mülltonnen. Makabrer Nebeneffekt: Als im Juli 1992 auf spektakuläre Weise der Mord an einem österreichischen Schallplattenproduzenten in Budapest aufgeklärt wurde, war ein Rentner der wichtigste Mitarbeiter der Polizei. Der nämlich fand die in Zeitungspapier eingeschlagenen Leichenteile in einem Abfallcontainer, wohin sie der mit den ungarischen Verhältnissen offenbar wenig vertraute Mörder aus Österreich verschwinden lassen wollte…

Die Segregation begann schon im Laufe der siebziger Jahre, als junge Familien aus der Innenstadt in die begehrten Neubauwohnungen der Trabantenstädte zogen. Dort gab es Fernheizung und Kachelbäder, kurz: alles, was modern war. Freilich war für die staatliche Baugesellschaft das Plansoll mit Fertigstellung der Wohnung erfüllt,

eine Qualitätskontrolle gab es nicht, und für Wartung und Instandhaltung war sowieso eine andere Monopolfirma zuständig. Nach zwanzig Jahren sind viele Neubauwohnungen schon stark renovierungsbedürftig, und die einst so gegensätzlichen Wohnquartiere kommen sich sehr nahe: Drinnen, in den Mietkasernen aus der Jahrhundertwende, wohnen die Alten ohne Geld, draußen, in den Neubaublocks, die Jungen ohne Arbeit.

Rein rechnerisch, sagt Zoltán Csorba, gibt es keinen dramatischen Wohnungsmangel in Budapest: Rund 820 000 Haushalten stehen etwa 790 000 Wohnungen gegenüber. Doch zu viele Wohnungen sind in schlechtem Zustand, während qualitativ hochwertige Wohnungen in guten Lagen immer häufiger in Büroräume umgewandelt werden. Die betreffenden Bezirke, insbesondere der fünfte, profitieren von den höheren Mieteinnahmen und setzen dieser neuen Entwicklung nichts entgegen. Ärmere Bezirk wie der siebte müssen sich indessen damit bescheiden, den Verfall zu bremsen.

Kommunalen Wohnungsbau gibt es derzeit überhaupt nicht, ist auch vorerst nicht geplant, weil das Geld dafür fehlt; durch Verkauf wird immer mehr Wohnraum dem Markt für Mietwohnungen entzogen; in ärmeren Vierteln können kaum die nötigsten Instandhaltungsarbeiten ausgeführt werden, in den reicheren Quartieren putzen die solventen Mieter und Eigentümer ihre Straßen dafür regelrecht heraus. Man muß kein Prophet sein, um angesichts der zunehmenden „New-Yorkisierung" der Stadt starke Spannungen auf dem Wohnungsmarkt vorauszusagen, da zudem vor zwei Jahren der Zuzugsstopp für Budapest aufgehoben wurde.

Doch trotz all dieser Widrigkeiten wird für Budapest Großes und Kostspieliges geplant: eine Weltausstellung. Ursprünglich wollten sich Österreich und Ungarn die Kosten für eine gemeinsame EXPO 1995 in Wien und Budapest teilen. Ein gewagter, aber eindrucksvoller Plan, dessen Verwirklichung die beiden rund 250 Kilomter voneinander entfernten Städte nicht nur durch neue Verkehrsverbindungen einander nähergebracht hätte. Nachdem sich aber die Wiener in einer Volksbefragung im Mai 1991 mit fast zwei Dritteln der Stimmen gegen die Weltausstellung ausgesprochen hatten, standen die Ungarn alleine da – und vor einer schwierigen Entscheidung. Sollten sie „kneifen" und angesichts gewaltiger Kosten das Projekt ganz abblasen? Oder sich als ehrgeizig, unternehmungsfreudig und „europäisch" genug zeigen und das Vorhaben alleine verwirklichen?

Die Regierung war sich lange unschlüssig, folgte zunächst dem Votum der Budapester Stadtverordnetenversammlung gegen die Weltausstellung, entschied sich später jedoch wieder für die EXPO. Jetzt soll sie 1996 und in kleinerem Umfang als etwa in Sevilla stattfinden – hundert Jahre nach der gloriosen Milleniumsfeier, als im Stadtwäldchen am Heldenplatz ebenfalls eine Weltausstellung stattfand. Dieser späte Entschluß löste in Ungarn keineswegs nur Begeisterungsstürme aus, sondern vielerorts eher die Befürchtung, das Land könne sich übernehmen und die mühsam erreichte relative Finanzstabilität gleich wieder aufs Spiel setzen.

Entgegen manchen Presseberichten habe sich die Stadt Budapest – dort regiert mit dem „Bund Freier Demokraten" jene Partei,

die auf Landesebene in der Opposition ist – dem schließlich gefaßten Beschluß nicht widersetzen wollen, betont János Lackó, Hauptjustitiar im Rathaus und verantwortlich für die Zusammenarbeit mit der EXPO-Regierungskommission. Man habe lediglich auf Garantien gedrungen, daß die Regierung willens ist, den Etat von derzeit 100 bis 140 Milliarden Forint (1,9 bis 2,7 Milliarden Mark) entweder selbst zu tragen oder durch private Investoren abzusichern. Im laufenden Jahr haben Landesregierung und -parlament zunächst einmal 17 Milliarden Forint (327 Millionen Mark), die Stadt 5 Milliarden Forint (96 Millionen Mark) für die Ausstellung bewilligt. Eine amerikanische Beratungsfirma soll einen detaillierten Finanzierungsplan vorlegen, in dem reichlich Platz sein wird für Anleger und Investoren aus dem Ausland.

Noch ist das insgesamt 80 Hektar große Ausstellungsgelände im Süden der Stadt, jeweils etwa zur Hälfte im elften Bezirk auf Budaer und im neunten auf Pester Seite gelegen, fast unberührtes Brachland und wird für Lagerungs- und Rangierzwecke von den Staatlichen Eisenbahnen und der Technischen Universität genutzt. Immerhin wird an einer der beiden Brücken, welche die Ausstellungsflächen beidseits der Donau verbinden sollen, schon gebaut: Auf der zweistöckigen und insgesamt 13 Milliarden Forint (250 Millionen Mark) teuren Lágymányosi-Brücke sollen ab 1995 Züge und Autos verkehren. Eine zweite Brücke, nur für Radfahrer und Fußgänger, soll bis zur EXPO ebenfalls fertig sein. Zudem ist geplant, das Ausstellungsgelände mit einer Metrolinie auszustatten, die zum Deák tér in die Innenstadt führt.

Man kann sich fragen, wie die gewaltigen Aufgaben bis 1996 bewältigt werden sollen – Erschließung des Geländes, Bau der Verkehrswege und Pavillons –, aber am Ende wird es auf wundersam ungarische Weise sicher doch klappen. Etelka Pataki Barsi, Leiterin der EXPO-Regierungskommission, ist zuversichtlich, daß die Ausstellung unter dem Motto „Kommunikation für eine bessere Welt" ein Erfolg sein und der ungarischen Wirtschaft wichtige Impulse geben wird. Nach dem Ende der Ausstellung soll das Gelände von der Universität sowie von privaten Gesellschaften als Büro- und Dienstleistungszentrum genutzt werden.

Zwischen diesen Plänen für eine hypermoderne Bürostadt und dem sogenannten Polenmarkt bewegt sich die Wirklichkeit Budapests. Auf diesem Markt der Armen und Zigeuner, eingeklemmt zwischen einer Autobahnbrücke und einem Güterbahnhof im Norden der Stadt, bieten Händler nicht nur aus Polen, sondern aus allen möglichen Gegenden Mittel- und Osteuropas ihre Habseligkeiten feil: hier einen Satz Schraubenschlüssel aus Rußland, dort Zigaretten aus Bulgarien oder Unterwäsche aus Rumänien und natürlich überall die im Lande üblichen Schnapssorten.

Hier machen die kleinen Profiteure des Wohlstandsgefälles ihren kleinen Gewinn: Was man daheim ergattern konnte, verkauft man für umgerechnet das Doppelte gegen Forint, und auch der Käufer macht seinen Schnitt, weil er hier nur halb soviel bezahlt wie im Laden. Wenn alles verkauft ist, werden sie in Zügen, qualmenden Bussen oder ächzenden Autos in alle Himmelsrichtungen davonfahren. Derweil zerbrechen sich die Experten den Kopf über Informationsvermittlung, Datenversorgung und Kommunikationsstrategien für die EXPO. ◀

die Fischerbastei im Burgviertel von Buda – ein Muß für jeden Besucher

am Budapester „Nyugati Pályaudvar" (Westbahnhof), 1874 – 1877 erbaut

Straßenbahn Linie 2 – mit Aussicht auf die Donau

Auf dem Weg zur Zitadelle - Buda und Pest im Panorama

Krönender Abschluß der Feiern zum Stephanstag

Klassischer Blick von Buda auf Pest: Kettenbrücke und Parlament

Im Glanze tausendjähriger Geschichte – der Heldenplatz

Kaffee- und Kuchenpause für Stadtwanderer im "Gerbeaud"

das „New York", Schriftsteller-Treffpunkt der zwanziger Jahre

mit Auto, Bus oder Tram - über die Freiheitsbrücke zum Gellért - Hotel

Abglanz großer Kaffeehauskultur – eine "Cukrászda"

Glockenweihe vor der Stephans-Basilika - Ritter des Malteserordens

... und Armeesoldaten sorgen für wehrhaften Glanz

Feine Gewebe in feinem Ambiente: Budapests berühmtestes Stoffgeschäft

Scharfe Sachen in der zentralen Markthalle am "Vámház Körút"

Träume aus Gußeisen und Glas:
Eingang zum Ernst-Museum

Jugendstil auf ungarisch – das Kunstgewerbemuseum von Ödön Lechner

Miklos Ybls Meisterstück: abendliche Ruhe vor dem Opernhaus

... gespannte Erwartung in den Logen und im Parkett

Musik zum Hören – in der Liszt-Akademie

... und zum Tanz auf der Kunsteisbahn am Heldenplatz

Mischkultur: städtische Jugend am Vörösmarty-Platz...

.. und Bäuerinnen aus Siebenbürgen an der Lajos-Kossúth-Straße

stolz auf die gute Stube in der Hauptstadtwohnung

stolz auf die gute Sonnenbrille im Mundwinkel

Verborgene Pracht: fast jeder Hinterhof in Pest ist eine Entdeckung

... nach Feierabend heraus auf die Galerie

András Slotky, Barbier und Friseür in Büdapest:

wer sein Handwerk beherrscht, braucht wenig Werkzeug

mehr als 120 warme Quellen hat Budapest - wo heute das Gellért-Bad steht

... befand sich schon im Mittelalter ein Gasthof mit Bad

schon die Römer lobten die Thermen von Budapest: das Rudas-Bad

… und das Jugendstil-Wasserparadies im Gellért

Labsal für Leib und Geist: die Thermalquellen des Széchenyi-Bades...

... werden von 74 Grad Celsius auf Badewannentemperatur gebracht

das Gemeindearchiv in Kőszeg: Blick aus dem Fenster

… und in die Vergangenheit

ein Tor nach Ungarn: Köszeg ist Grenzstation zum Burgenland

... und wirbt mit seinem restaurierten Stadtkern um Besucher

Ort der Einkehr auf einem Kreuzweg im Westen Ungarns

Wallfahrtskirche auf dem Kalvarienberg bei Kőszeg

Sopron: ein Löwe im Dienst der Gesundheit seit 1623

Christi Schutz: weder Mongolen noch Türken konnten Sopron besetzen

das ungarische Versailles: Schloß Esterházy in der Nähe des Neusiedler Sees …

... ist das Prunkstück unter den k. u. k. Fürstenresidenzen

Zeugnis der Spätromantik: Detail der Westfassade

... und das Kreuzrippengewölbe der Basilika von Ják

Zeugen einer fast versunkenen Kultur: der jüdische Friedhof
rechts: Melancholie des Winters - Dorfszenerie am Plattensee

Winterstille am Plattensee …

... und im Eichenwald bei Veszprém

traditionelles Schilfschneiden am Plattensee

enn der Sumpf gefroren ist, kommt die Zeit, Schilf für's Dach zu holen

der Balaton (Plattensee) ist der größte Süßwassersee Mitteleuropas

das Wasser ist flach und im Sommer bis zu 25 Grad warm

Wenn erst die Touristen wieder kommen …

… ist es vorbei mit der Ruhe und Beschaulichkeit

Vesprém - das Volk wohnt in der Unterstadt

... die weltliche und geistige Obrigkeit auf dem Burgberg

Werke des Stararchitekten Imre Makovecz: Kirche in Paks

... und ein Detail des Portals der Kirche von Siófok

geschätzt in Königspalästen und Bürgerhäusern: Herend Porzellan

das Stahlwerk auf der Donauinsel Csepel im Süden Budapests

Wie man Bodenschätze fördert: von Hand …

oder mit technischen Hilfsmitteln mit beschränkter Haftung

Stolz eines Kleinbauern: János Mente und sein Zuchterfolg

der Nachbar kommt auf ein Glas: Familie Mente in der Küche

Hirsefeld bei Pécs

Einsiedlerkirche im Mecsek - Gebirge

Schnittstelle der Kulturen und Religionen: die Synagoge

… und der viertürmige Dom von Pécs

Donauschwaben – Regina und Joseph Schlitzer aus Kisbudmér

Katholisches Wegkreuz bei Pécs

Handarbeit wird noch gebraucht: Schrankenwärter

... und Bahnhofsvorsteher der Staatlichen Ungarischen Eisenbahnen

Szeged: Errungenschaften des Fortschritts...

... und der Vergangenheit

Sándor Petőfi (1823 bis 1849), Ungarns größter Dichter

… hat in jedem noch so kleinen Dorf „seine" Straße

Pferdehirten warten auf Touristen, Hortobágny

„Csikós" (Pferdehirt) draußen in der Puszta bei den Pferden

die Herden werden kleiner, aber es gibt sie noch · Graurinder

... und Zackelschafe in der ungarischen Puszta

Ungarns Exportschlager

Familie Vadàsz auf der Gänsefarm in der Hortobágy - Puszta

das Leben auf den „tangah", den Einzelgehöften in der Puszta

… wird vom Strom der Zeiten kaum erfaßt

in der Hortobágy bei Tiszafüred

archaische Tradition: Grabpfähle bei Kalocsa

Einsatzmöglichkeiten eines Trabis

... Geflügel frisch vom Bauern

Glück und Schmalz soll es bringen: Viehmarkt in Nyíregyháza

Markt muß sein, mindestens einmal wöchentlich: in Kiskunhalás

Im stillen Osten: Flußlandschaft...

... mit Fischern auf der Theiß

Handwerk für einen großen Wein: Küfer in Tokaj

Kellermeister in Villány

József Gyüres, Köhler aus dem Bükk-Gebirge: die Arbeit steht ihm ins Gesicht und auch in die Hand geschrieben

Mittagspause in der einzigen Gaststätte des Dorfes

... und Frühschoppen am Sonntag

"Napraforgó" (wörtlich übersetzt "Zur-Sonne-Wender") bei Eger

die Zisterzienserabtei bei Bélapátfalva

Barock, Klassizismus und ein türkisches Minarett: Blick auf Eger

Schatzhüter – Bibliothekar des Erzbischöflichen Lyzeums

Deckenfresken im
Dom zu Eger

... und im Bibliothekssaal des Erzbischöflichen Lyzeums, heute Pädagogische Hochschule

„Gott schütze den Ungar" – so begann die Nationalhymne auch in der kommunistischen Ära

ein ganzes Dorf unter Denkmalschutz: Hollókő

Sankt Nepomuk und betende Hände

ein überaus verdientes Kollektiv der Feldarbeit

sieht seiner Zukunft als Privatbäuerinnen entgegen

Esztergom, Grenzstadt zur Slowakei, westliches Tor zum Donauknie

ein Lob der autofreien Innenstadt

der Dom von Esztergom - von der Donaufähre aus gesehen - Ungarns größtes Gotteshaus

… und Sitz des katholischen Oberhirten

das schönste Knie der Donau: bei Visegrád

Héviz – im warmen Thermalsee gedeihen ägyptische Lotusblumen

freundlicher Herr und bissiger Hund in Petöfi-Straße 5

der See, die Puszta, die Hügel: unterwegs im Land

Von oben nach unten zerschneidet der Fluß das Land. Bis Esztergom, von wo aus der katholische Oberhirt über seine Gläubigen in Ungarn wacht, fließt die Donau von West nach Ost und bildet die Grenze zur Slowakei; dann macht sie bei Visegrád den berühmten – „Knie" genannten – Knick und nimmt ihren Weg, genau in nord-südlicher Richtung, mitten durch Budapest und das ganze Land.

„Dunán túl", jenseits der Donau, heißt auf ungarisch der Westen des Landes und „Dunán innen", diesseits der Donau, der Osten. Der Blick der Landnehmer, die vor 1100 Jahren über die Karpaten kamen und zunächst in der Großen Tiefebene siedelten, ehe ihnen der Schritt über die Donau nach Westen gelang, ist in diesen Bezeichnungen konserviert. Seit je ist die Donau, der jahrhundertelang schier unüberwindliche Strom, eine Trennlinie – natürlich, kulturell, wirtschaftlich. Der Westen des Landes ist dichter besiedelt, hügeliger, industriell und auch touristisch besser erschlossen als der Osten. Dem ist dafür mehr ursprünglicher, spröder Reiz, mehr stiller Zauber geblieben.

Im Westen finden sich die Herrensitze der ungarischen Adelsfamilien, der Széchenyi und der Batthyány, der Festetics, der Zichy und natürlich der Esterházy. Unweit des Neusiedler Sees bei Fertöd liegt das „ungarische Versailles" des Fürsten Miklós (Nikolaus) Esterházy: Erbaut von 1760 bis 1767, ist es mit 126 Zimmern die größte und prächtigste Schloßanlage Ungarns. Kaiserin Maria Theresia pflegte zu sagen, wenn sie eine gute Oper sehen wollte, so fahre sie nach Schloß Esterházy. Denn dort wirkte von 1766 bis 1790 kein geringerer Kapellmeister als Joseph Haydn, der in Esterházyschen Diensten viele seiner größten Kompositionen verfaßte.

Der Westen Ungarns blieb fest in der Hand des Katholizismus, Esztergom als Kardinalssitz und Székesfehérvár als Krönungsstadt und Bistum sind dessen Hochburgen. Im Osten dagegen konnte sich meistenteils die Reformation durchsetzen. Debrecen, das „calvinistische Rom", ist der konfessionelle Gegenpol zu Esztergom:

in Esztergom steht der gewaltige Dom, Ungarns größtes Gotteshaus, geradezu herrschsüchtig auf dem Burghügel, die Große Reformierte Kirche in Debrecen, ihrerseits die größte protestantische Kirche des Landes, liegt dagegen breit und behäbig inmitten der Patrizierhäuser, die sie nur um weniges überragt.

„Jenseits", also westlich der Donau und zudem in Reichweite für einen Tagesausflug von Budapest, liegt auch das „ungarische Meer", der Balaton (Plattensee). Er ist mit fast 600 Quadratkilometern der größte Binnensee Mitteleuropas und muß den Ungarn den seit dem Ersten Weltkrieg verlorenen Zugang zur Adria ersetzen. An warmen Wochenenden verwandelt sich die Autobahn zwischen Budapest und dem Balaton in ein einziges Blechband – freitags heraus aus der Stadt und sonntags hinein.

Es muß eine besondere Bewandtnis haben mit der Liebe der meisten Ungarn zu „ihrem" See, denn sie ist trotz Lärm, Überfüllung und Schmutz offenbar ungeschmälert. Wahrscheinlich weckt der Balaton melancholische Gefühle: den einen erinnert der weite See an das einstmals vom Mittelmeer bis zu den Karpaten reichende Land, das heute so zusammengeschrumpft ist, daß fast dreieinhalb Millionen Ungarn als nationale Minderheit in benachbarten Staaten leben; den anderen gemahnt das meist stille Wasser vielleicht an all das, woran zu denken man vor lauter Alltag sonst keine Gelegenheit findet.

Freilich kann auch der Balaton selbst sein Aussehen und Wesen gründlich ändern. Berüchtigt sind die plötzlichen Sommergewitter, die den eben noch freundlichen See aufpeitschen. Doch schon die langen Uferstreifen haben eine ganz unterschiedliche Gestalt. Der Süden mit seinen sandigen Stränden und dem flachen Wasser, das sich im Sommer bis auf 27 Grad erwärmt, wird von Badeurlaubern förmlich heimgesucht. Die an der Eisenbahnlinie aufgereihten Dörfer bestehen meist aus unansehnlichen Bungalowanlagen und überlaufenen Campingplätzen. Die Nordküste, rauh und zerklüftet, ist dagegen weniger überlaufen, die Badeorte sind mondäner

und ruhiger. Besonders in Balatonfüred, dem ältesten Kurort am Plattensee, ist noch etwas vom vornehmen Badebetrieb der Jahrhundertwende zu erahnen, als der Schriftsteller Mór Jókai (1825 bis 1904) oder die Schauspielerin und Sängerin Lujza Blaha (1850 bis 1926) in ihren Villen die noble Gesellschaft zu sich luden.

Besonders reizvoll ist die Halbinsel Tihany, seit vierzig Jahren Naturschutzgebiet. Mehr als hundert bizarre Geysirkegel, gebildet aus Sedimenten heißer Quellen, sind über die vom Seeufer steil aufragenden Hügel verteilt. Eine barocke Kirche, errichtet um 1750 auf den Trümmern einer 1055 gegründeten Benediktinerabtei, thront weithin sichtbar auf der Halbinsel. Unweit vom westlichen Zipfel des Plattensees liegt das Rheuma-Heilbad Héviz. Das grünliche Wasser des größten natürlichen Thermalsees in Europa hat eine Temperatur von 25 bis 34 Grad und wird durch den Zustrom aus heißen, radium- und schwefelhaltigen Quellen ständig umgewälzt und erneuert.

Nicht alle Ungarn leben in Ungarn – von ungefähr 15 Millionen nämlich rund fünf Millionen im Ausland. Aber ebensowenig sind alle, die in Ungarn leben, Ungarn. Das läßt sich nirgendwo besser lernen als in der Gegend um Pécs. Das Gebiet zwischen Donau und Drau, dem Grenzfluß zu Kroatien, ist das traditionelle Siedlungsgebiet der sogenannten Donauschwaben, wie die Zuwanderer aus Franken, Tirol, dem Rheinland oder dem Elsaß generalisierend genannt wurden. Sie waren, nach der Vertreibung der Türken, im Laufe des 18. Jahrhunderts in die entvölkerten Landstriche eingewandert.

Wie überall in Europa erstarkte auch in Ungarn zu Beginn des 19. Jahrhunderts das Nationalgefühl. Angesichts der Unterdrükkung und der Zensur durch die Habsburger war dies eine geradezu automatische Reaktion, hatte jedoch für die Donauschwaben die unangenehme Nebenwirkung eines zunehmenden Magyarisierungsdrucks ab Mitte des 19. Jahrhunderts: Deutsche Namen mußten in ungarische geändert, deutsche Schulen geschlossen werden. Nach beiden Weltkriegen, vor allem durch Vertreibung und Verschleppung nach 1945, waren von ehedem rund 550 000 Deutschen in Ungarn schätzungsweise 200 000 übriggeblieben. Doch in manchen Dörfern in der Gegend um Pécs werden deutsche Sprache und Tradition noch fleißig gepflegt.

Daß die Deutschen freilich nur eine Minderheit unter vielen sind, wird in Pécs besonders augenfällig. Neben den Deutschen haben Türken und Juden, Serben, Kroaten und Griechen die Stadt und ihre Architektur geprägt. Pécs hat die meisten türkischen Bauwerke Ungarns, einen prächtigen neoromanischen Dom, eine Synagoge und frühchristliche Katakomben. Schon der erste König der Ungarn, István (Stephan) der Heilige, soll nach der Legende gesagt haben: „Ein Land mit nur einer Sprache und einer Sitte ist schwach und gebrechlich. Daher ehre die Fremden und hole sie ins Land!“ Nach diesen Maßstäben ist Ungarn heute ein reiches Land. Denn die Volkszählung 1990 ergab, daß von 10,5 Millionen Einwohnern 750 000 Roma sind (die in oft erbärmlicher Armut ihr Dasein fristen), 220 000 Deutsche, 110 000 Slowaken, 80 000 Kroaten, 25 000 Rumänen, 15 000 Polen sowie einige Tausend Griechen, Serben, Slowenen, Bulgaren und Armenier. Über die Zahl der Juden kann man nur spekulieren, denn in der Erhebung wurden sie als religiöse Minderheit eingestuft und als ethnische Minderheit nicht erfaßt.

Reichtum oder Armut eines Landes werden freilich meist anhand anderer Daten als gerade der Zahl der Minderheiten gemessen. Doch man müßte gar nicht wissen, daß Bruttoinlandsprodukt und Realeinkommen der Bevölkerung seit 1989 kontinuierlich gesunken sind, um das weite Land östlich der Donau als von Reichtum nicht gerade gesegnet zu erkennen. Jeder fünfte Erwerbstätige in Ungarn arbeitet in der Landwirtschaft, die sich nach dem Zusammenbruch der Absatzmärkte im Osten schwertut. Der Markt für landwirtschaftliche Produkte in der Europäischen Gemeinschaft ist ohnedies schon übersättigt, so daß sich außer den ungarischen „Klassikern“ Paprika (vor allem aus der Gegend um Kalocsa) und Wein (meist aus Eger und Tokaj) nur wenig anderes verkaufen läßt.

Zu den berühmtesten Weingegenden der Welt gehört die Gegend um das Städtchen Tokaj, wo Bodrog und Theiß zusammenfließen. Auf vulkanischem Grund gedeihen in Tokaj und 28 Gemeinden der nahen Umgebung der weithin gerühmte Tokajer Wein. Auf jeder der klassischen Halbliterflaschen prangt, im Wappen der Banderole, das vom französischen „Sonnenkönig“ Ludwig XIV. überlieferte Lob des goldfarbenen Tokajer: vinum regum, rex vinorum (Wein der Könige, König der Weine). Tatsächlich bevorzugen seit je geistliche und weltliche Herren den Wein aus Tokaj.

Vier bis acht Jahre muß der Most mit dem extrem hohen Zuckergehalt in Fässern bei kühler Kellerluft reifen, ehe er in Flaschen gefüllt wird. Mitte des 17. Jahrhunderts, als man wegen marodierender Türken einen Teil der Trauben erst im November lesen konnte, ersann man den „Aszú", den Ausbruchwein. Dabei wird aus den schon zu Rosinen geschrumpften und von Edelfäule befallenen Trauben eine Essenz gewonnen. Eine Bütte (ungarisch „puttony"), die 28 bis 30 Liter Traubenbeeren faßt, ergibt ungefähr anderthalb Liter Essenz. Die honigsüße Essenz aus zwei bis sechs Bütten – je mehr, desto besser der Wein – wird sodann einem Faß mit 135 Litern Traubenmost zugesetzt und vergoren.

Doch selbst beim Weinexport ergeben sich inzwischen mancherlei Probleme. Den meisten Wein trinken die Ungarn zwar selbst (von fünf Millionen Hektolitern pro Jahr nämlich drei Millionen), doch mit dem Rest würden sie gerne mehr Zecher im Ausland beglücken und mehr Devisen verdienen. Die Ausfuhr in Staaten des ehemaligen Ostblocks, jahrzehntelang dankbare Abnehmer ungarischer Weine, ist praktisch zum Erliegen gekommen. Nach Westeuropa und Nordamerika konnten 1991 nur 600 000 Hektoliter exportiert werden, so daß der ungarische Weinsee immer mehr Zulauf bekommt.

Es gibt nur wenige ungarische Wörter, die auf der ganzen Welt sogleich mit einer bestimmten Vorstellung verbunden werden: Tokaj, Paprika und Gulasch gehören dazu und gewiß auch Puszta. Die Puszta ist, abgesehen von den Hügeln und Bergen im Norden, die klassische ungarische Landschaftsgestalt östlich der Donau.

Daß sie öde und flach ist, wird niemand in Abrede stellen. Ob aber die ungarische Tiefebene, das „Alföld" langweilig ist und eintönig oder ebenmäßig und schön, ob sie ermüdend ist oder erhaben, darüber könnte der Streit wohl bis zum Ende der Tage fortdauern. „Stumm, versonnen sitzt die Urruhe über der Flur wie ein hundertjähriger Greis in seinem Armstuhl am Herd, der die stürmischen Tage des Lebens mit stillgewordenem Herzen überdenkt." So schrieb Sándor Petöfi, Ungarns größter Dichter und selbst ein Sproß der Puszta, im Jahre 1847 über seine geliebte Tiefebene. Zwar werden die schnurgeraden Landstraßen heute nicht nur von Birken und Pappeln, sondern auch von Stromleitungen und Telegrafenmasten gesäumt, zwar sind die beschaulichen Wanderer und Ochsenkarren aus Petöfis Tagen von qualmenden Autos und dröhnenden Lastwagen verdrängt, doch auch heute noch atmet das Land eine geheimnisvolle Ruhe.

Von der Gegenwart zur Vergangenheit sind es nur ein paar Kilometer. Am südöstlichen Rand des „Alföld", zwischen Hódmezövásárhely und Orosháza, leben die Zwillinge János und István Papp Lukács. Ihre „tanya", ihr Einzelgehöft liegt fernab der Landstraße inmitten der Puszta. Keine Straße, kein Weg führt zu ihnen hinaus, in den heißen, trockenen Sommern muß man über staubige Felder, im Winter über die gefrorenen Äcker. In der Übergangszeit aber und bei Regen liegen die „tanyak" wie schier unerreichbare Inseln in einem Meer von Schlamm. „Jancsi bácsi" und „Pista bácsi" – was zugleich liebevoll und ehrerbietend etwa Onkelchen János und Onkelchen István bedeutet – haben niemals anderswo gewohnt als in dem Lehmhaus, das ihre Eltern 1930 gebaut haben.

Nur während der Soldatenzeit und der Gefangenschaft haben sie die Zeitläufte bis nach Sibirien geführt. Es war ihre einzige „Auslandsreise". Die beiden sind Junggesellen geblieben, haben Vater und Mutter bis zu deren Tod vor einigen Jahren treu versorgt. Nicht daß es in jungen Jahren keine Möglichkeiten gegeben hätte – stolz zeigen sie uralte Fotografien der einstigen Freundinnen –, aber dann hat es sich einfach anders ergeben.

Heute sind die Brüder 65 Jahre alt und bekommen eine kleine Rente. Doch Geld haben sie kaum je gebraucht. Wozu es zum Leben bedurfte, das haben sie selbst hergestellt: Fleisch und Wurst, Speck und Butter, Käse und sogar Sahne. Nur Brot, daneben Salz, Tee oder Kaffee, Gewürze und so fort besorgen sie bei ihren wöchentlichen Einkäufen im etwa acht Kilometer entfernten Dorf. Zucker? Nein, von Zucker haben sie sich in den sechziger Jahren einen solchen Vorrat angelegt, daß sie sich den Rest dieses Jahrtausends damit versüßen können. Sehen Sie, wie billig ein Kilo damals war, heute bezahlt man ein Vielfaches! Da müssen wir zustimmen.

Die beiden sind zufrieden, daß sie noch immer Tag um Tag die nötigen Arbeiten verrichten können. Vier Pferde, sechs Rinder (darunter drei Milchkühe), fünf Schafe, zwanzig Schweine, sechzehn Gänse, achtzehn Hühner, schließlich vier Hunde und fünf Katzen wollen versorgt sein. So leben sie zwar abgeschieden und freuen sich über jeden Besuch, allein aber sind sie niemals. Vor Jahren einmal war geplant, die „tanyak" ans öffentliche Stromnetz anzuschließen, der von den Bauern geforderte Eigenbeitrag war jedoch so hoch, daß sich niemand dazu entschließen wollte. Wenn es dunkel wird, geben Petroleumlampen ein wenig Licht, und im Winter geht man sowieso früher schlafen.

Freilich, die Tiefebene hat manches von ihrem stillen Zauber verloren, ist nicht mehr „Einöde, Heide, Leere", wie das ungarische Wort „puszta" sagt. Statt versprengter Pferde- und Schafherden, gehütet von einsamen Hirten, bestimmen Obstplantagen und Weingärten, Getreide-, Sonnenblumen- und natürlich Paprikafelder das Bild. Wie ein Fächer von Südwesten bis Osten öffnet sich, von Budapest aus gesehen, das „Alföld". Es nimmt mehr als die Hälfte des gesamten ungarischen Territoriums ein.

Meistenteils wird der Boden landwirtschaftlich genutzt, in zwei Nationalparks jedoch, auf rund 50 000 Hektar in der Hortobágy im Osten und auf etwa 30 000 Hektar in Kiskunság im Süden des Landes, wird die Puszta in ihrer sozusagen klassischen Art erhalten. Keine Pflugschar dringt dort in die Heide ein, das Gras wiegt sich sanft im Wind – oder wird von den in

freiem Auslauf gehaltenen Pferden, Schafen und Graurindern abgefressen. In der Ferne erheben sich die Ziehbrunnen so malerisch, nein theatralisch aus der endlosen Fläche, als bestünde ihre Aufgabe einzig darin, sich abertausendmal vor der untergehenden Sonne fotografieren zu lassen. Dabei braucht man sie wirklich, um Wasser in die Tröge zu schöpfen. Mehrmals täglich treiben die „Csikós“ und „Juhász“, die Pferde- und Schafhirten, ihre Tiere zur Tränke.

Doch auch diese den vielen Besuchern vorgezeigte Gestalt der Puszta ist keine Urform, sondern Resultat gravierender Eingriffe des Menschen. Denn zur Zeit der Landnahme der Ungarn gegen Ende des neunten nachchristlichen Jahrhunderts war die Tiefebene eine grüne Auenlandschaft, bald sumpfig und verschilft, bald waldig.

Einen ersten großen Schub erfuhr die Versteppung mit dem Sturm der Mongolen. Nach ihrem entscheidenden Sieg über die Ungarn, bei Mohi im Jahre 1241, zogen sie marodierend durch das Donaubecken, zerstörten Wälder und Dörfer, entvölkerten die Fluren. Ungarns König Béla IV. hatte noch 1238 zum Schutz gegen die Mongolen rund 40 000 Reiterkrieger der Kumanen und Jazygen im östlichen Donaubecken angesiedelt, die aus ihrem Stammland im nördlichen Kaukasus vertrieben worden waren. Die Niederlage der Ungarn verhinderten sie zwar nicht, trugen aber nach dem Abzug der Mongolen um 1243 zum Wiederaufbau des teilweise verödeten Landes bei, wozu es abermals großer Mengen von Holz bedurfte.

Noch heute heißt der Landstrich zwischen Donau und Theiß im Norden „Nagykunság“, Großkumanien, und im Süden „Kiskunság“, Kleinkumanien. Kämpfe gegen und Zerstörungen durch die immer wieder einfallenden Türken im 17. und 18. Jahrhundert sowie die extensive Viehzucht veränderten das Gesicht der Puszta immer mehr.

Die um die Mitte des 19. Jahrhunderts vorgenommene Regulierung der Flüsse und die Trockenlegung der Sümpfe durch ausgedehnte Kanalsysteme trieben die Versteppung weiter voran. Vorbei die Zeiten, als jener Fluß, der am Tage noch sanftmütig wie kein anderer durchs Land floß, des Nachts über die Ufer trat: „Als sei sie wahnsinnig geworden zerriß ihre Ketten/ die Theiß, in wildem Galopp über die Ebene/ durchbrach sie brüllend und brausend den Deich/ und schickte sich an, zu verschlingen die Welt.“ So Petőfi im Februar 1847 in seinem Gedicht „Die Theiß“, die heute, tatsächlich fast vollends gezähmt, ihre meist braunen Wassermassen nach Süden wälzt. Weil der Düngeschlamm der regelmäßigen Überschwemmungen von Donau und Theiß ausblieben und das Grundwasser sank, versalzten der Boden, die stehenden Gewässer und toten Flußarme zunehmend. Es entstand jene einzigartige Salzsteppe, die heute ihrerseits zu verschwinden droht, weil dank künstlicher Düngemittel immer mehr Land zur Agrarproduktion genutzt werden kann.

Doch wie die Puszta trotz zweifelhafter Errungenschaften des menschlichen Fortschritts an manchen Flecken ihr Gesicht bewahren konnte, haben sich auf Höfen wie dem der Zwillinge Papp Lukács Lebensformen erhalten, die sich von denen vergangener Jahrhunderte kaum unterscheiden dürften. Auch viele Städte der Tiefebene sind eigentlich die alten langgestreckten Straßendörfer geblieben, deren flache, langgezogene Bauernhäuser sich vor den bedrohlich nahe kommenden Hochhäusern in Plattenbauweise zu ducken scheinen. Dorthin, in die Städte, ziehen die jungen Leute, suchen und finden Arbeit bei der Landwirtschaftlichen Produktionsgenossenschaft oder in einer Fabrik. In den Städten gibt es wenigstens ein paar Restaurants und ein Kino und, wenn man Glück hat, sogar eine Discothek.

Denn das Leben auf der Puszta bietet auch heute noch wenig Abwechslung. Der Schriftsteller Gyula Illyés (1902 bis 1983) hat in seinem 1936 erschienenen Buch „Puszták népe" (Das Volk der Pusztas) seine Kindheit und Jugend geschildert, die er westlich der Donau auf einem Großgrundbesitz in der Nähe des Flusses Sió verbrachte. Noch bis in die dreißiger Jahre unseres Jahrhunderts hinein lebten die Bauern dort quasi als Leibeigene der Kleinadeligen.

Zusammengepfercht in engen Gesindewohnungen hausten hundert bis zweihundert Familien bei den Stallungen und Getreidespeichern, fernab vom Schloß, wo die Herrschaft ihren Reichtum verzehrte und läppischen Vergnügungen nachging. „Die Arbeitszeit währte von Sonnenaufgang bis Einbruch der Dunkelheit mit je einer halbstündigen Pause vor- und nachmittags, einer anderthalbstündigen mittags", schreibt Illyés. Die Bezahlung wurde von Jahr zu Jahr geringer, die Not dafür nur noch größer.

Doch das Volk der westlichen Puszta war, so Illyés, „untertänig und deshalb staatstragend im wahrsten Sinne des Wortes", es klagte zwar, trug aber sein hartes Los ohne Aufbegehren. Anders dagegen der Menschenschlag des „Alföld" östlich der Donau, für dessen Willen zur Selbstbestimmung und Bereitschaft zur Widersetzlichkeit Petöfis Revolutionsgedichte das schönste poetische Zeugnis sind. Mit Wort und Tat focht Petöfi für ein von Habsburg unabhängiges, republikanisches Ungarn: Am 31. Juli 1849 fiel er, erst 26 Jahre alt, bei Schäßburg in Siebenbürgen im Kampf gegen ein übermächtiges Heer des Zaren, das den Österreichern zu Hilfe geeilt war.

Nicht anders als zu Illyés' und zu Petöfis Zeiten wird das Leben der Pusztabauern vom Rhythmus der Natur bestimmt.

Wenn die beiden Zwillinge herzlich und naturgemäß ein wenig schwermütig erzählen, scheinen die zweifelhaften Errungenschaften unserer Zivilisation unendlich weit entfernt. Dann ist das Geheimnis der Tiefebene nah, und nah sind die Verse aus Petöfis Gedicht „Die Tiefebene", das er im Sommer 1844 im fernen Budapest schrieb: „Drunten in des Tieflands meeresflachen Weiten,/ Da ist mein Zuhause, meine Welt;/ Aus dem Kerker frei kommt meine Adlerseele,/ Wenn die grenzenlose Ebene ich schau." ◀

Fotografie

Personenaufnahmen waren in Ungarn trotz der Sprachschwierigkeiten kein Problem. Fast alle, die ich vor die Kamera bat, zeigten sich ausgesprochen hilfsbereit und offen. Ich habe sehr viel Wert auf Portraits gelegt, denn ein Bildband über ein Land wird erst durch die Nähe zu seinen Bewohnern interessant und aufschlußreich. Allerdings muß man sich für die Menschen Zeit nehmen, muß sie und ihre Probleme verstehen lernen.

Aber auch die Landschaftsfotografie forderte Zeit und Geduld. Ungarns Landschaften präsentieren sich nicht auf den ersten Blick. Auch das Wetter spielte eine wichtige Rolle. Meine besten Monate waren der Mai und September, sie boten wechselhaftes Wetter, angenehme Temperaturen und meist gute Sicht. Im Oktober sank das Thermometer schon auf minus 10 Grad, im Juni bei hochsommerlichen Temperaturen war die Landschaft meist von einem bläulichen Dunstschleier überzogen.

Alle Aufnahmen entstanden mit meinen sehr zuverlässigen Contax-Kameras und Zeiss-Objektiven folgender Brennweiten: 18, 25, 35, 50, 85, 28–85, 70–210, 100 Makro und 300 mm. Bei zahlreichen Aufnahmen benutzte ich ein Stativ. Als Filmmaterial verwendete ich Diafilme Kodachrome 64, Kodachrome 200, für schwierige Lichtverhältnisse den Agfachrome 1000 und als universellen Film den Fujichrome 100. Einige Bilder wurden durch mehrere Handblitzgeräte indirekt ausgeleuchtet, um die natürliche Lichtstimmung nicht zu zerstören.

Max Galli

Karl Johaentges
Neuseeland
Bildband, 156 Seiten mit 172 Farbfotos.
48 Textseiten locker geschriebene Einführung mit zwanglosen Abstechern in die Geschichte und ausführliche Bilderläuterungen stimmungsvoller Farbfotos. Ein Mosaik von faszinierenden Landschaften und der ethnischen Vielfalt unserer "Gegenfüßler".
3. Aufl. 1992 (11.-13. T.)

ISBN 3-925544-01-1
39,80 DM

Summers/Valli
Bilder aus Nepal
144 Seiten mit 120 Farbfotos. Fast 10 Jahre lebten die beiden Autoren auf dem "Dach der Welt". Sie folgten Yak-Karawanen, begleiteten die letzten Honigjäger und lebten im versteckten Dolpo. Bilder von atemberaubender Schönheit. Ihre Himalaya-Reportagen wurden weltweit abgedruckt: NATIONAL GEOGRAPHIC, GEO, STERN.

ISBN 3-925544-05-4
48,— DM

Karl-Heinz Raach
Bilder aus der Arktis
144 Seiten mit 120 Farb- und S/W-Fotos.
Dieser Bildband mit seinen spektakulären Landschaftsaufnahmen ist Reisebeschreibung und Sozialreportage zugleich. Kurzgeschichten von und Interviews mit Inuit, den Bewohnern der Arktis, ergänzen die Reisenotizen des Fotografen und vermitteln dem Buch zusätzliche Realitätsnähe.

ISBN 3-925544-06-2
48,— DM

Karl Johaentges
Bilder einer Weltreise
184 Seiten. Bilder- und Lesebuch einer dreijährigen Weltreise mit 170 Farb- und 80 S/W-Fotos. Eine Sammlung von Berichten, Briefen und faszinierenden Fotos in hervorragender Druckqualität. Eindrücke des Reise- und Arbeitsalltags in Asien, Australien und den USA.
3. Aufl. 1989 (10.-15.T.)

ISBN 3-925544-00-3
39,80 DM

Johaentges/Blackwood
Lissabon - Hongkong mit der Eisenbahn
180 Seiten mit 170 Farb- und S/W-Fotos. Bilder- und Lesebuch einer dreimonatigen Bahnreise via TRANSSIB durch Europa, Sibirien und Asien bis zum fernen Osten. Eine Collage von Tagebuchnotizen, Reisedokumenten, Porträts und Bahnhofslandschaften dieser 17.343 km langen Reise.
2. Aufl. 1989 (7.-12.T.)

ISBN 3-925544-02-x
39,80 DM

Johaentges/Ahrends/Albrecht
Mit dem Ballon über Ostdeutschland
190 Seiten mit 145 Farbfotos. Der Bildband zeigt ein völlig unbekanntes Ostdeutschland aus der Vogelperspektive. Der Fotograf und sein Ballon-Team überflogen über 50 Gebiete östlich der Elbe: verträumte Kleinstädte, verdreckte Industriereviere und typische Landschaften. Eine Reise durch Träume und Alpträume des deutschen Ostens.
2. Aufl. 1992 (11.-18. T.)

ISBN 3-925544-07-0
48,- DM

Auslieferung Deutschland: ILH Geo Center Stuttgart · Schweiz: AVA/Buch 2000 Affolten · Österreich: ROBO Verlag Wien

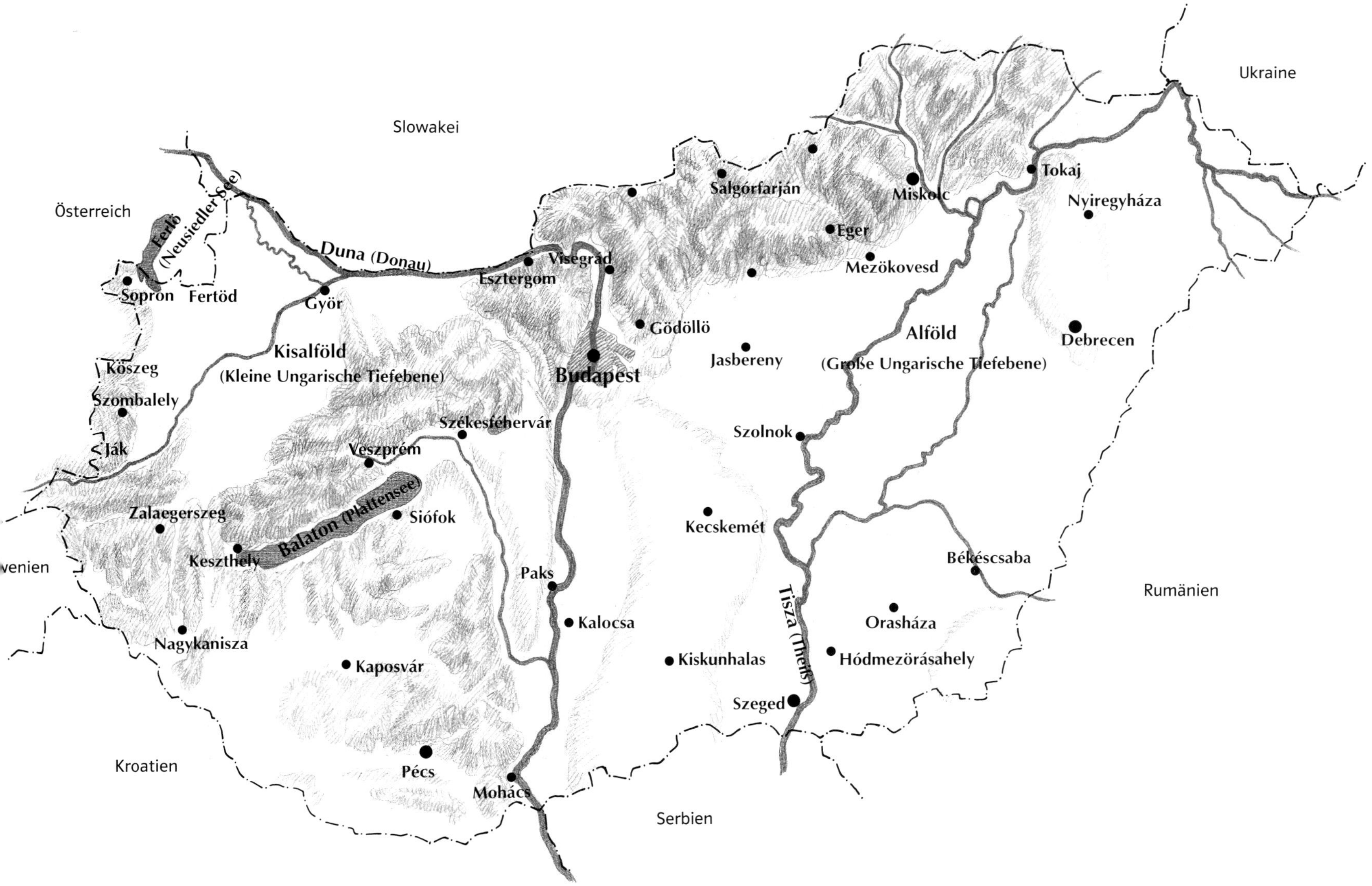

Ukraine
Slowakei
Österreich
Ferlö
(Neusiedler See)
Duna (Donau)
Sopron
Fertöd
Györ
Esztergom
Visegrád
Salgórfarján
Miskolc
Tokaj
Nyiregyháza
Eger
Mezökovesd
Gödöllö
Jasbereny
Alföld
(Große Ungarische Tiefebene)
Debrecen
Kisalföld
(Kleine Ungarische Tiefebene)
Köszeg
Szombalely
Budapest
Székesfehérvár
Szolnok
Ják
Veszprém
Balaton (Plattensee)
Zalaegerszeg
Siófok
Kecskemét
Keszthely
venien
Paks
Békéscsaba
Rumänien
Tisza (Theiß)
Kalocsa
Orasháza
Nagykanisza
Kaposvár
Kiskunhalas
Hódmezörásahely
Szeged
Kroatien
Pécs
Mohács
Serbien

Max Galli

geboren 1952 in Freiburg i. Br., aufgewachsen in Vogtsburg-Oberrotweil. Dreijährige Ausbildung zum Fotografen. Anschließend Bundesfachschule für Photografie in Hamburg. Seit 1982 tätig als selbständiger Fotograf und Fotojournalist. Lebt heute in Vogtsburg-Oberrotweil und in St. Moritz. Gründungsmitglied der *Bildagentur der Fotografen LOOK* in München. Mitglied im Deutschen Journalisten-Verband.

Themenschwerpunkte des Fotografen: Landschaftsfotografie, Reportagen, Städte- und Länderportraits, Wintersport, journalistische Portraits, Theaterfotografie, Katzen.

Buchprojekte: *Weiße Nacht* (Verlag Herder), *Sonne im Tank* (Krüger Verlag), *Schöne alte Läden* und *Rom* im Verlag Herder, *Melancholia, wenn Landschaften Trauer tragen*, *Lofoten* (Harenberg Verlag).

Kalenderprojekte: seit 1989 *Im Licht der Mitternachtssonne* (Kunstverlag Weingarten), *Rom* (Verlag Herder), mehrere *Katzenkalender* in verschiedenen Verlagen.

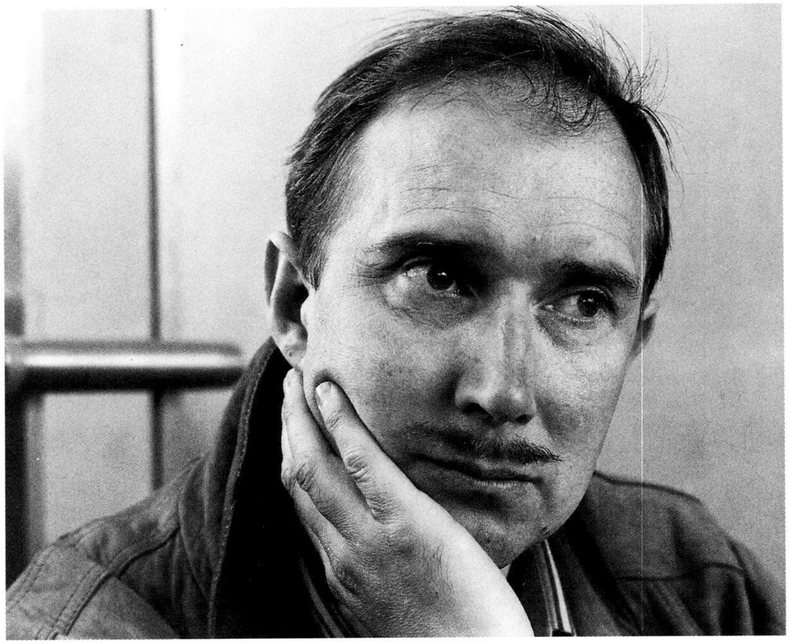

Matthias Rüb

geboren 1962 in Zavelstein bei Calw, verbrachte er Kindheit und Schulzeit in Dörfern bei Tübingen, nahe Ludwigsburg und unweit von Heidelberg. Von 1981 bis 1987 studierte er Philosophie, Politik und Geschichte in Berlin und Paris. Während des Studiums begann er für Zeitungen, Zeitschriften und den Rundfunk zu schreiben und aus dem Französischen zu übersetzen. Seit Juni 1989 ist er Redakteur im Feuilleton der *Frankfurter Allgemeinen Zeitung.* Auf verschiedenen Reisen in den damaligen Ostblock – nach Ungarn, Rumänien und in die frühere Sowjetunion – wuchs sein Interesse an Mitteleuropa, das mit der Herkunft der Eltern – die Mutter stammt aus Sachsen, der Vater aus Bessarabien – zusammenhängen mag. In Buchkritiken, Reiseberichten und Reportagen für die F.A.Z. und für verschiedene Zeitschriften beschäftigte er sich vor allem mit jenem Land, aus dem auch seine Frau stammt: Ungarn.